E Deus viu que tudo era bom

Pedagogia bíblica da primeira infância

SAB – Serviço de Animação Bíblica

E Deus viu que tudo era bom

Pedagogia bíblica da primeira infância

Dados Internacionais de Catalogação na Publicação (CIP)
(Câmara Brasileira do Livro, SP, Brasil)

E Deus viu que tudo era bom : Pedagogia bíblica da primeira infância / SAB - Serviço de Animação Bíblica. – São Paulo : Paulinas, 2015. – (Coleção Bíblia em comunidade / Recursos pedagógicos)

ISBN 978-85-356-3936-0

1. Bíblia - Estudo e ensino 2. Bíblia - Uso por crianças 3. Método de ensino por projetos 4. Palavra de Deus 5. Pedagogia 6. Vida cristã I. SAB - Serviço de Animação Bíblica. II. Série.

15-04632 CDD-220.07

Índice para catálogo sistemático:
1. Pedagogia bíblica : Primeira infância : Ensino bíblico   220.07

Citações bíblicas: *Bíblia de Jerusalém*. Ed. rev. e atual.
São Paulo: Paulus, 2002.

Equipe responsável pela redação: Romi Auth, fsp, Diva Dias Rodrigues, Edinaldo Medina Batista, Maria Aparecida Duque, Maria Natália Duque Caldeira

Direção-geral: *Bernadete Boff*
Editora responsável: *Maria Goretti de Oliveira*
Copidesque: *Mônica Elaine G. S. da Costa*
Coordenação de revisão: *Marina Mendonça*
Revisão: *Ana Cecilia Mari*
Gerente de produção: *Felício Calegaro Neto*
Capa e diagramação: *Manuel Rebelato Miramontes*
Fotos de capa: © *TTstudio*
™*shock*

1ª edição – 2015

SAB – Serviço de Animação Bíblica
Av. Afonso Pena, 2142 – Bairro Funcionários
30130-007 – Belo Horizonte – MG
Tel.: (31) 3269-3737 / Fax: (31) 3269-3729
E-mail: sab@paulinas.com.br

Paulinas
Rua Dona Inácia Uchoa, 62
04110-020 – São Paulo – SP (Brasil)
Tel.: (11) 2125-3500
http://www.paulinas.org.br – editora@paulinas.com.br
Telemarketing e SAC: 0800-7010081

©Pia Sociedade Filhas de São Paulo – São Paulo, 2015

Sumário

Orientações práticas para o Educador e a Educadora da fé...........7

Apresentação..................9

Introdução..................15

1. Elementos da psicopedagogia para a infância...........19

2. Novo olhar sobre as Escrituras:
Deus abençoou o sétimo dia e o santificou................39

3. Metodologia para os encontros com crianças............47

4. Temas para os encontros..................51

    Primeiro encontro
    Deus fez o dia e a noite................53

    Segundo encontro
    Deus separou as águas de cima
    das águas de baixo................60

    Terceiro encontro
    Deus fez árvores, flores e frutos................66

    Quarto encontro
    Deus fez os luzeiros e as estações................72

    Quinto encontro
    Deus fez os animais pequenos e grandes................76

    Sexto encontro
    Deus fez o homem e a mulher................83

    Sétimo encontro
    Deus descansou no sétimo dia................87

5. Confraternização e jogral
do nosso estudo bíblico 93

6. Revendo o caminho feito..103

Referências bibliográficas..105

CD – E Deus viu que tudo era bom –
Pedagogia Bíblica da primeira infância – SAB 109

Orientações práticas para o Educador e a Educadora da fé

- Fazer uma leitura atenta de todo o texto, para conhecer a proposta.
- Estudar de modo especial a Psicopedagogia das Idades para se adequar, segundo o seu grupo, às características e ao perfil do mesmo.
- Estudar o Novo Olhar sobre as Escrituras para internalizar a nova visão sobre o seu foco central.
- Escolher as atividades mais adequadas para o perfil do seu grupo.
- Após a escolha, providenciar e preparar o material para ser aplicado: *com muito amor às pessoas, a Deus e à sua Palavra!*

Votos de fecunda missão!

Apresentação

A iniciativa de trabalhar a Bíblia desde a mais tenra idade nasceu do interesse de participantes do curso de formação bíblica sistemática, os quais desejavam fazer uso dela na educação para a fé da infância à juventude. A justificativa desse pedido era não terem uma preparação específica para lidar com essas faixas etárias. Apesar de todo o esforço que existe nas instituições, movimentos e comunidades para qualificar pessoas para esse ensino, constata-se ainda uma carência muito grande em quase todas as comunidades na preparação de pessoas para trabalharem a Bíblia de forma libertadora, nas faixas etárias infantojuvenis.

O curso Bíblia em Comunidade, oferecido pelo Serviço de Animação Bíblica (SAB), prepara os adultos para trabalharem a Bíblia com crianças, pré-adolescentes, adolescentes e jovens. Desde o ano de 2007 foi constituída uma equipe formada por pessoas preparadas no campo da psicologia, pedagogia, psicopedagogia, literatura e arte, filosofia, teologia, música, Bíblia e catequese para trabalhar, de forma integrada, o início de Gênesis com crianças da primeira e segunda infância, pré-adolescentes, adolescentes e jovens. O desafio estava lançado!

Educar para o pensar

A equipe do SAB, então, buscou quem oferecesse a possibilidade de uma formação sistemática a partir da psicopedagogia das idades, o estudo dos conteúdos bíblicos para crianças, pré-adolescentes, adolescentes e jovens, mas nada encontrou na área. Foi-lhe indicado o Centro Brasileiro de Filosofia para Crianças,[1] que

---

[1] O Centro Brasileiro de Filosofia para Crianças foi fundado por Catherine Young Silva, em janeiro de 1985, como

desenvolve um trabalho muito interessante no campo da educação para o pensar. É claro que o interesse imediato da equipe não era o conteúdo filosófico, e sim o bíblico. Contudo, a metodologia de como o conteúdo filosófico era trabalhado poderia ser inspiradora para a equipe desenvolver o conteúdo bíblico de forma envolvente, apropriada, consciente, responsável e libertadora.

Os objetivos que motivaram a equipe a enfrentar o desafio eram os de oferecer uma ajuda aos Educadores da fé, a partir da Bíblia, para:

1. conduzir as crianças, os pré-adolescentes, os adolescentes e os jovens à reflexão sobre os conteúdos bíblicos de forma criativa e participativa;

2. propiciar às crianças, pré-adolescentes, adolescentes e jovens se tornarem agentes na construção do próprio saber;

3. proporcionar às crianças, pré-adolescentes, adolescentes e jovens momentos intensos de vivência e reflexão, para alimentarem de forma consciente a própria fé e para se tornarem cristãos comprometidos e responsáveis.

A escolha de Gênesis de 1 a 12

A escolha dos primeiros capítulos do livro de Gênesis não foi por acaso, porque a sua leitura e interpretação na Igreja e na sociedade atual determinam, de certa forma, a visão de Deus, do mundo, da humanidade, das relações interpessoais e, sobretudo, de gênero. O ensinamento religioso dado de zero a sete anos exerce influência maior no comportamento das pessoas, ainda mais que nesta faixa etária a criança assimila e internaliza com facilidade comportamentos, gestos e palavras dos adultos, porque não tem ainda uma consciência crítica e isso pode condicioná-la ao longo

---

uma sociedade sem fins lucrativos, com sede em São Paulo. A proposta foi concebida sob o nome "Programa de Filosofia para Crianças", por Dr. Matthew Lipmann, em 1969. Alguns anos mais tarde, com a colaboração da Dra. Ann Margareth Sharp, foi fundado o Institute for the Advancement of Philosophy for Children (IAPC), localizado em Montclair, New Jersey – EUA.

da vida, se não houver uma reorientação adequada e atualizada na leitura bíblica.

A série "Recursos Pedagógicos" apresenta diferentes ferramentas, necessárias para o desenvolvimento eficiente da missão do Educador e da Educadora da fé, a partir da Bíblia. Entre estas ferramentas encontra-se a Pedagogia Bíblica, que, em cinco pequenos opúsculos, desenvolve, segundo a psicopedagogia das idades, o conteúdo bíblico de Gênesis 1–12. A escolha dos temas de cada um dos capítulos de Gênesis corresponde à realidade que a criança, o pré-adolescente, o adolescente e o jovem vivem. Veja em seguida a indicação dos temas que serão trabalhados nestas diferentes faixas etárias.

Gênesis para a primeira infância

Na fase inicial da primeira infância, os pais, a Educadora e o Educador da fé encontram orientações para uma iniciação à psicopedagogia dessa fase e suas características. O primeiro capítulo de Gênesis é oferecido para ser trabalhado com crianças entre quatro e seis anos, em sete encontros preparados dentro de uma metodologia criativa e participativa. Neles, a criança é envolvida nos cinco sentidos para construir o seu conhecimento bíblico.

Gênesis 1,1–2,4a foi subdividido em sete temas, conforme os elementos criados em cada dia. No primeiro tema Deus fez o dia e a noite, e trabalha-se a luz e as trevas, correspondendo a Gn 1,1-5; no segundo tema Deus fez a separação das águas, e aborda-se a importância do elemento água a partir de Gn 1,6-8; no terceiro tema Deus fez árvores, flores e frutos, como presentes de Deus dados à humanidade, em Gn 1,9-13; no quarto tema Deus fez os luzeiros e as estações, e reflete-se sobre a importância do sol, das estações para a vida, em Gn 1,14-19; no quinto tema Deus fez os animais pequenos e grandes para o ser humano cuidar, em Gn 1,20-23; no sexto tema Deus fez o homem e a mulher para se amarem e serem felizes, em Gn 1,23-31. E Deus viu que tudo era muito bom! No sétimo tema, que corresponde ao sétimo dia, Deus concluiu a obra e descansou para refazer as energias, em Gn 2,1-4a. Ele sentou-se e contemplou, maravilhado, a beleza de sua obra!

Gênesis para a segunda infância

A criança, na segunda fase da infância, interessa-se por livros e pela leitura. Quer ler tudo o que cai sob os seus olhos. Daí a importância de despertar nela o interesse pelas histórias bíblicas.

Nesta faixa etária serão trabalhados os seguintes temas de Gênesis 1 a 12: o tempo na criação em sete dias, ressaltando a importância do sétimo dia, o dia do descanso, motivo pelo qual foi escrita esta narrativa de Gn 1,1–2,4a. Dois temas do segundo e terceiro capítulos de Gênesis: "Deus plantou um jardim em Éden" (Gn 2,8); e "Da árvore do conhecimento do Bem e do Mal não comerás" (Gn 2,17); Abel, irmão de Caim, em Gn 4,2; a duração da vida de Matusalém foi de novecentos e sessenta e nove anos – o significado da longa vida dos Patriarcas antes do dilúvio (Gn 5,27); "Vou enviar o dilúvio sobre a terra" – as águas que salvam e destroem (Gn 6,17; 7,22); "Os filhos de Noé, que saíram da arca: Sem, Cam, Jafé" (Gn 9,18); "Todo o mundo se servia de uma mesma língua" (Gn 11,1); "É à tua descendência que darei esta terra" (Gn 12,7). Deus renova o dom da vida na promessa da descendência.

Gênesis para pré-adolescentes

Os temas bíblicos na fase da pré-adolescência foram escolhidos pelas características que se revelam nesta fase: o tema do descanso (Gn 1,1–2,4a); a vocação do ser humano e o tema da transgressão e a fuga da responsabilidade (Gn 2,4b–3,24); "Por que estás irritado e com o rosto abatido?" trabalha o desejo de ser o outro (Gn 4,6); Noé traz consolação (Gn 5,29); o arco, sinal da aliança (Gn 9,12-

17); em cada nome um povo (Gn 10); a Torre de Babel, confusão das línguas (Gn 11); e por fim, o último tema: "Engrandecerei o seu nome" (Gn 12,2). A fé de Abraão perpetuou o seu nome na história do povo de Deus.

Gênesis para adolescentes

Deus criou o céu e a terra é o primeiro tema para os adolescentes (Gn 1,1); "Osso dos meus ossos", um ser semelhante, e "O homem e sua mulher se esconderam da presença do Senhor", revela a sua consciência de culpa (Gn 2–3); "Que fizeste? Onde está o teu irmão?" é a tomada de consciência (Gn 4); "Adão gerou um filho, à sua semelhança, como sua imagem" (Gn 5,3); "A maldade do homem era grande, mau todo desígnio do seu coração" (Gn 6,5); "Eis a descendência dos filhos de Noé" (Gn 10); "Construamos uma cidade, e uma torre cujo ápice penetre os céus", a onipotência (Gn 11); "Sê uma bênção!" (Gn 12,1-2). Ser uma bênção para a humanidade é a vocação do ser humano!

Gênesis para jovens

O jovem está na fase da tomada de decisões quanto a áreas importantes para a sua vida: acadêmica, profissional, afetiva, e é interpelado constantemente na sua fé. Refletir sobre temas bíblicos que têm a ver com o momento existencial do jovem pode suscitar--lhe maior interesse e ser de valia na sua caminhada.

Por isso, propomos como primeiro tema: "Homem e mulher, ele os criou, à sua imagem e semelhança" (Gn 1,27); "Mas da árvore do conhecimento do bem e do mal não comerás, porque no dia em que dela comeres terás que morrer" (Gn 2,17); "Com o suor de teu rosto comerás o teu pão…" (Gn 2,19); "O sangue de teu irmão clama por mim!" (Gn 4,10); "Noé, gerou: Sem, Cam e Jafé" (Gn 5,32); "Deus abençoou Noé e seus filhos" (Gn 9,1);

"Eis a descendência de Sem" (Gn 10,21-22; Gn 11,10-32); "Deus dispersou os homens sobre toda a face da terra" (Gn 11,9); "Sai da tua terra, da tua parentela e da casa de teu pai..." (Gn 12,1). Assim como Abraão, o jovem é convidado a assumir a sua história e construir uma nova sociedade.

Experimente!

Introdução

A proposta da Pedagogia Bíblica nasceu da necessidade que as pessoas sentem de se prepararem para esta importante tarefa de Educador e Educadora da fé nos dias atuais. Tarefa esta desafiadora e ao mesmo tempo animadora, quando é dada de forma correta e atualizada quanto ao conteúdo e à metodologia desde a mais tenra idade. O conteúdo bíblico escolhido é o início do livro de Gênesis, por se ter o intuito de desenvolver nas crianças sensibilidade e admiração pela beleza do mundo físico, animal e humano que as rodeia.

A metodologia utilizada para trabalhar os temas é bastante participativa, envolvendo todos os sentidos da criança para que ela possa desenvolver a sua sensibilidade para com o mundo criado, como obra de Deus. Visa despertar nela a dimensão do sagrado, do respeito, da admiração para com as plantas, os animais e o ser humano, criado à imagem e semelhança de Deus.

Ainda que o conteúdo e a metodologia sejam muito bons, eles precisam estar de acordo com a faixa etária a que se destinam, daí a importância da Psicopedagogia das Idades. O Educador e a Educadora da fé são convidados a conhecer as potencialidades da criança e os seus interesses, sabendo respeitar e, ao mesmo tempo, propor e promover atividades de acordo com a sua faixa etária.

A criação em cada dia

Os temas foram desenvolvidos seguindo a sequência da narrativa bíblica de Gn 1,1–2,4a e correspondem aos elementos criados em cada um dos seis dias da criação e, no sétimo, a conclusão e o descanso de Deus. São elementos conhecidos e próximos da criança, como: o dia e a noite, a água, a luz e o escuro, as plantas, as frutas, os animais, as pessoas.

O intuito é despertar na criança, desde a mais tenra idade, a admiração, a beleza, o amor, o respeito por Deus e sua obra. Ressaltar a bondade de Deus que tudo criou com tanto amor para todos.

Primeiro dia

No primeiro tema, Deus fez o dia e a noite. Trabalham-se luz e trevas, claro e escuro, que a criança desde a mais tenra idade já é capaz de distinguir. Aborda-se o texto bíblico de Gn 1,1-5 na forma de contação de histórias.

Segundo dia

"Deus fez a separação das águas" é o segundo tema. Neste dia trabalha-se a importância da água para a vida do planeta Terra. Sem água nós, os animais, as plantas não vivem. A água é criatura de Deus, segundo Gn 1,6-8.

Terceiro dia

No terceiro dia, segundo a tradição bíblica, Deus criou as árvores, flores e frutos (Gn 1,9-13). Neste tema trabalha-se o valor da natureza criada, para alimentar e embelezar o planeta Terra.

Quarto dia

A narrativa de Gn 1,14-19 lembra o que Deus criou no quarto dia: os luzeiros e as estações. E por que o autor bíblico não dá nome a estes luzeiros? Porque eles estavam no meio de um povo que adorava o sol e a lua como divindades. E para o povo da Bíblia eles são criaturas que Deus fez.

Quinto dia

A obra de Deus continua, no quinto dia, segundo a narrativa bíblica de Gn 1,20-23. Ele criou os animais grandes e pequenos que vivem nas águas, na terra e no ar. Animais que nadam, caminham e correm, e aves que voam.

Sexto dia

No sexto dia, Deus criou os animais domésticos, os répteis e as feras. Por último, Deus criou o homem e a mulher (Gn 1,24-31) e lhes deu a missão de cuidar de toda a sua obra.

Sétimo dia

No sétimo dia, diz o texto bíblico que Deus concluiu toda a sua obra e "descansou". Veja em Gn 2,1-4a.

Deus é muito bom, fez tudo bonito!

As crianças, por natureza, são contemplativas, e ajudá-las a desenvolver esse potencial é muito importante, falando da beleza das cores, da variedade de tamanhos, da harmonia e perfeição da obra criada por Deus, nesta grande variedade. Despertar o amor a todos os seres, pois cada qual tem a sua função no universo. A originalidade própria de cada animal embeleza a obra de Deus.

O momento de interiorização é para proporcionar às crianças a possibilidade de expressarem a Deus a sua gratidão. Elas não são capazes ainda de entender a razão da narrativa de Gn 1,1–2,4a, que tem como enfoque central o sábado, o dia do descanso. Um direito que o povo, fora da sua terra, não tinha. O autor bíblico quer fundamentar em Deus o direito humano do descanso. Se até mesmo Deus, depois de trabalhar seis dias, no sétimo descansou, o ser humano, criatura e filho de Deus, tem o mesmo direito. Esse direito é intransferível.

1.
Elementos da psicopedagogia para a infância

O conhecimento da psicopedagogia das idades é necessário para quem se dispõe a trabalhar qualquer conteúdo ou temática com crianças desde a primeira infância. O que entendemos por psicopedagogia das idades? São dois termos de fundamental importância: psicologia e pedagogia. A psicologia estuda a evolução e o comportamento humano, em suas dimensões: física, espiritual, emocional, cognitiva, afetiva, religiosa, social... E a pedagogia constitui um conjunto de métodos usados para educar e ensinar em cada faixa etária, seja a criança, o adolescente ou o jovem. A fusão dos dois termos forma a palavra psicopedagogia, que, complementada com outras áreas do conhecimento, resume todos esses conceitos do desenvolvimento para cada faixa etária.

Acreditamos que uma base teórica proporcione ao Educador ou à Educadora da fé uma orientação de como se dá o desenvolvimento da criança, em seus aspectos: físico, cognitivo, afetivo, social e religioso. O intuito é oferecer-lhes subsídios para que possam relacionar esses princípios à maneira sobre como atuar nas atividades educacionais, ajudando nossas crianças a se tornarem mais conscientes, autônomas, críticas, criativas e felizes.

O desenvolvimento inicial da criança

As fases da evolução cronológica não são tão rígidas e definidas assim, a ponto de ficarmos presas a elas, pois são vários os fatores que podem interferir nessa evolução. É preciso considerar e compreender cada momento separadamente, pois cada um traz as suas características, não se esquecendo, no entanto, de considerar que cada etapa está interligada com a anterior e a que segue, bem como com o todo.

Jean Piaget[1] afirma que a criança constrói seus conhecimentos interagindo com o mundo em que vive e que seu pensamento cresce partindo de ações e não só de palavras. O conhecimento não é dado, ele só pode ser construído e reconstruído por meio de experiências. As crianças assimilam melhor a partir de experiências concretas, quando elas descobrem e dão sentido ao seu mundo e, ao mesmo tempo, refazem as suas estruturas mentais, que permitem tratar de informações cada vez mais complexas. Este refazer de estruturas mentais torna possível a genuína aprendizagem sólida e duradoura.

Importância dos primeiros anos de vida

A educação nos primeiros anos de vida ganhou, recentemente, grande relevância em nosso país. Vários fatores contribuíram para essa importância dada a tal período nos âmbitos educacionais e psicoafetivos, podendo-se destacar:

- O maior reconhecimento da importância decisiva dos primeiros anos de vida no desenvolvimento de uma personalidade sadia e na prevenção de distúrbios mentais.
- A preocupação com a redução de desigualdades sociais e com as causas e consequências da pobreza.
- A mobilização de recursos que possibilitam o melhor aproveitamento no processo de aprendizagem.
- O surgimento de uma nova organização social, em função de mudanças na concepção da família tradicional.
- O crescimento do número de famílias com apenas um filho, gerando o fenômeno da "solidão" infantil, pois as crianças,

---

[1] Jean Piaget nasceu na Suíça em 1896 e faleceu em 1980. Formado em biologia, foi professor de psicologia e realizou pesquisas interdisciplinares sobre a formação da inteligência.

em sua maioria, são privadas de experiências sociais, já que têm de estar condicionadas ao escasso tempo dos adultos.

- O crescimento, cada vez maior, da força de trabalho feminino, particularmente no caso de mulheres jovens, mães de filhos pequenos.

- O melhor conhecimento das variáveis e condições de natureza genética, nutricional, higiênica, psicológica, social e ambiental, que influem de modo substantivo no desenvolvimento dos anos subsequentes.

Pedagogia bíblica em vista de uma nova prática

Esperamos que por meio da pedagogia bíblica nossas crianças construam o seu saber bíblico, para contribuir com uma nova compreensão da vida e da sociedade. Que sejam comprometidas com uma prática libertadora, recriando a vida e a sociedade, segundo o aprendizado adquirido e inspirado nos ensinamentos da Bíblia. Para atingirmos esse objetivo, precisamos estabelecer um projeto que atenda às características do desenvolvimento das crianças e que proponha uma metodologia de ensino compatível a tais características.

Do nascimento aos oito meses

O corpo da criança é muito frágil e delicado, do nascimento aos oito meses. Por isso mesmo, uma de suas necessidades especiais é a estimulação de um adulto, seja através de um toque afetuoso e estimulante com massagens, denominação das partes do corpo, e outras, de acordo com as várias oportunidades que se apresentarem. Estes momentos vão, inclusive, possibilitar o desenvolvimento de habilidades motoras tais como: virar no berço ou nos colchonetes, sentar, engatinhar e, posteriormente, andar.

O crescimento físico e o desenvolvimento das habilidades motoras são rápidos. O movimento de apreensão, ou seja, de segurar um objeto, pode ser explorado e desenvolvido. Posteriormente o bebê conquistará o direito de segurar sua própria mamadeira e outros objetos e, mais tarde, lá pelos dezoito, vinte meses, poderá segurar o copo e a colher com as próprias mãos.

A compreensão e a fala se desenvolvem rapidamente. A boca tem um papel fundamental na vida das crianças, até aproximadamente os dois anos. Além da fala, ela funciona como um filtro, um importante radar exploratório e um canal, por meio do qual são adquiridos vários conhecimentos como sabor, textura, consistência e temperatura dos alimentos, associados ao prazer de ingeri-los. Segundo Freud,[2] este período constitui a fase oral, que vai do nascimento até mais ou menos um ano e meio, quando o princípio do prazer está ligado à boca, pois a criança não tem, ainda, consciência do resto do corpo. O apego aos pais e a outras pessoas se forma aproximadamente no final do primeiro ano de vida, e o interesse por outras crianças aumenta mais no final do segundo ano.

A criança aos dois anos

A criança de dois anos tem necessidade de perceber, sentir e explorar o mundo ao seu redor. O crescimento geral é menos acelerado do que no ano anterior, quando acontecem as maiores transformações na vida de um ser humano. Aos dois anos o desenvolvimento motor permite a aquisição de padrões de movimentos musculares, controle do próprio corpo e habilidades motoras, buscando alcançar o máximo de possibilidades de ação e expressão. Nesta fase a criança usa os sentidos e realiza movimentos, mas ainda não interioriza a ação.

É por meio do movimento que a criança explora seu corpo e interage com os outros e com o ambiente. Quanto mais desafios a criança encontrar em seu meio, dentro de uma margem de segu-

---

[2] Sigmund Freud nasceu em 1856 e faleceu em 1939 no município de Pribor (em alemão, *Freiberg in Mähren*. Na época de Freud tal município pertencia à Áustria. Hoje pertence à República Checa, na região da Morávia). Foi um médico neurologista e criador da Teoria da Psicanálise.

rança, maiores as oportunidades de desenvolver suas ações sobre este meio. É maior o desenvolvimento da inteligência, o progresso da linguagem e o poder de dedução. A memória e a atenção estão mais desenvolvidas do que na etapa anterior. Tem maior habilidade para expressar emoções e por volta dos três anos já inicia sua capacidade para dramatizar.

A criança aos três anos

É de esperar que, aos três anos, uma criança já fale e compreenda, com perfeição, a sua língua. Do balbucio à articulação correta das palavras, é fundamental que ela seja estimulada a falar e que sejam valorizadas as suas diferentes produções orais, de modo a ter no adulto um parceiro de qualidade, que a desafie e auxilie na conquista de uma das formas de expressão mais significativas que os seres humanos têm para interagir e aprender consigo mesmo, sobre si mesmo e sobre o mundo.

Esse período, entre o nascimento e os dois ou três anos em média, é chamado, segundo Piaget, de sensório-motor e as atividades intelectuais são de natureza sensoriais e motoras.[3] A criança não trabalha com simbolização, porque não tem interiorização. Assim, só tem visão dos seres enquanto presentes, porque não tem representação mental. Sua memória é só de reconhecimento. Não tem memória de evocação que depende da representação mental e da função simbólica.[4] Esse período sensório-motor é pré-moral e se caracteriza pelo egocentrismo e por uma desobediência natural, pois a criança ainda é incapaz de praticar normas e leis (anomia) por não ter condições de compreendê-las.

O brinquedo é, para a criança, a fonte de descoberta de um mundo totalmente novo. Jogar é uma atividade natural do ser humano. Ao brincar e jogar, a criança fica tão envolvida com o

---

[3] O sensório corresponde ao sentido e à percepção; e a motora, a movimentos e ações.
[4] O símbolo é aquilo que, por sua forma ou natureza, evoca, representa ou substitui, num determinado contexto, algo abstrato ou ausente.

que está fazendo que coloca na ação seu sentimento e emoção. O jogo, assim como a atividade artística, é um elo integrador entre os aspectos motores, cognitivos, afetivos e sociais. É brincando e jogando que a criança ordena o mundo à sua volta, assimilando experiências e informações e, sobretudo, incorporando atividades e valores. É por meio do jogo e do brinquedo que ela reproduz e recria o meio circundante. Para esse brincar não é necessário o uso de material sofisticado, podendo usar sucatas (associando à ecologia), que é material de fácil obtenção, além de contribuir para o desenvolvimento da imaginação e da criatividade, pois a criança terá oportunidade de explorar, perceber semelhanças, diferenças, texturas e espessuras sob um novo enfoque e utilizar, de forma criadora, objetos que fazem parte de sua vida cotidiana.

Sugestões de atividades

A criança sente necessidade de explorar os objetos, tatear, morder, encaixar, bater, apertar, modelar massinha ou argila e repete essas atividades até se satisfazer. É importante respeitar, nesta fase, o seu interesse, oferecendo-lhe oportunidades para explorar o ambiente, admirar e respeitar as belezas da natureza, já introduzindo a imagem do Criador.

O grande interesse pela linguagem leva a criança à imitação, ao brincar de cantar, ouvir música, gesticular, imitar pessoas e animais. Os brinquedos mais apreciados nesta época são os chocalhos, bolas, bichinhos, móbiles, cubos, argolas e bonecas. A criança prefere cores mais vivas e variadas, tais como: jogos de encaixe, modelagem com massinha ou argila, cubos e toquinhos para empilhar, desenho livre em folhas bem grandes, pintura a dedo, jogos com bola no chão, brincadeiras com música, gestos e ritmo compassado, repetir e inventar sons. Deve-se desenvolver outras atividades que chamem a sua atenção para o esquema corporal, como: brinquedos para puxar, explorar o ambiente, montar e desmontar objetos, ouvir histórias, poesias e canções curtas;

dinâmicas que são recursos importantes para o desenvolvimento da linguagem oral nesta idade.

Tudo isso ajuda no reforço do sentido da fala e é um convite a uma viagem sonora para além das palavras, apresentando para as crianças ritmos e entonações que ficam muito mais em evidência quando cantados e chamam a sua atenção para reproduzi-los tal qual. Oferecer espaço para o faz de conta é muito importante para a criança. E cabe aos pais ou educadores compreenderem que o fato de a criança imitar, inventar e contar histórias não significa que ela esteja mentindo. Ao contrário, a brincadeira do faz de conta tem o papel privilegiado de contribuir no desenvolvimento da criança.

Educação para a fé de zero a três anos

A educação para a fé acompanha o processo natural da criança, desde antes de nascer, e deve estar presente ao nascer, no dia a dia, mês a mês, ano a ano. Não tem férias: a formação cristã é um processo contínuo como a alimentação diária. A formação cristã nesta fase vai sendo assimilada pelos sentidos da criança. Algumas dicas ou sugestões podem ser úteis neste período para a missão da educação para a fé.

Na fase pré-natal

O cultivo da educação para a fé começa desde a gestação. Tudo o que a mãe vive, sente e experimenta de alegria ou tristeza, repercute na vida do bebê, em seu ventre. O relacionamento respeitoso e carinhoso entre as pessoas que convivem com a gestante é muito importante pelas sensações e emoções que lhe transmitem e que a criança capta pela tonalidade da voz, da música, do canto, do diálogo com ela. Aquilo que for cultivado pela mãe e pelas pessoas com quem ela convive, em todas as dimensões, principalmente nos momentos de fé, de celebração e oração em família e na comunidade, permearão a vida desse ser humano. Por isso, podemos afirmar que a educação para a fé tem seu início já no ventre materno. Fazem muito bem ao bebê as carícias na barriga da mãe, os momentos de oração, de contemplação, de audições musicais, pois tudo o que a mãe vivencia acontece também com o bebê.

Embora o desenvolvimento que ocorre no ventre materno represente, principalmente, o crescimento fisiológico, este estágio também é de grande significância psicológica, por causa do profundo relacionamento entre a integridade fisiológica do organismo e seu funcionamento comportamental. Se a mãe vive afetivamente ligada ao bebê que está em seu ventre, ela prepara esta criança para o encontro com Deus, dentro de uma perspectiva de segurança amável e afável com este Deus que é Pai e Mãe.

Início da primeira infância

O cultivo de um ambiente de harmonia e de amor é importante e necessário em todas as fases da vida, de modo especial nestas fases iniciais, pois somente nesse clima a criança desenvolverá harmoniosamente suas potencialidades físicas, sociais, psicológicas e religiosas, o que lhe proporcionará saúde, firmeza e segurança em si mesma. Vendo o amor dos pais e educadores, que devem ser a imagem do amor de Deus, da sua misericórdia e de suas exigências, ela será capaz de compreender, aos poucos, o amor de Deus. Desse Deus com quem os pais se relacionam na oração, nas suas ações do dia a dia e que se vai configurando ao longo da vida dessa criança, intimamente ligado às transformações de suas relações consigo mesma e com o mundo.

Mas as "ideias ou noções" de Deus que surgem em nós, a partir das experiências mais básicas de nossa existência, necessitam estar sempre dispostas a deixar-se modificar ou renovar-se. Se o materno e o paterno se oferecerem à criança como uma possibilidade de escuta afetiva de Deus em sua vida, é necessário que não se confunda esse Deus com a mãe e o pai que são seres limitados.

O fazer-se religioso não surge em nós como fruto direto e espontâneo, mas está associado às vivências, aos exemplos da busca do "amar ao próximo como a si mesmo", bem como do respeitar e do maravilhar-se com a natureza e do nosso reconhecimento e agradecimento pelos dons recebidos de Deus.

O testemunho em sintonia com a palavra

Nós vimos como se processa o desenvolvimento físico, psicomotor e a socialização da criança desde a sua mais tenra idade. É durante a fase de seu desenvolvimento que a educação da fé se processa, em primeiro lugar, pelo testemunho dos pais e demais membros que convivem com o bebê. Os sinais externos ligados à fé, como uma estampa ou imagem da sagrada família, de Jesus, Nossa Senhora, do anjo da guarda ou de algum santo, o terço, a Bíblia, ilustrações bíblicas, canções religiosas para ninar, assim como os símbolos religiosos, como a vela acesa, o incenso, o crucifixo, o livro de orações, uma medalha, ajudam a criança a visualizar e, de certa forma, a ter contato com elementos que fazem parte do mundo religioso.

Verbalizar para a criança, na medida de sua compreensão, o significado de cada um desses elementos; ensiná-la a fazer uma pequena oração espontânea às refeições, ao anoitecer e ao amanhecer, pois a família é a igreja doméstica; proporcionar à criança a participação com os seus familiares nas celebrações litúrgicas, como a missa, batizados, casamentos, crismas, celebrações da Palavra e outros, são momentos reais, privilegiados, significativos e oportunidades para se fazer a iniciação à fé. Deve-se aproveitar os momentos nos quais a criança se manifesta espontaneamente sobre algum símbolo religioso para falar deles. Quando a criança chega aos dois anos e já tem o domínio da palavra, podem ser ensinadas as orações do cristão, como: Pai-Nosso, Ave-Maria, Santo Anjo e outras, com pequenas explicações ao seu alcance.

O cultivo da fé

A criança de zero a três anos é totalmente modelável. Os pais são espelho e referência para ela. É importante que o pai, a mãe ou as pessoas responsáveis pelos seus cuidados cultivem posturas e atitudes de partilha, perdão, solidariedade, justiça, coerência, respeito ao próximo, cuidado com a natureza, com os bichinhos, com o cultivo da espiritualidade e da dimensão religiosa. Estas atitudes precisam ser ensinadas, cultivadas e desenvolvidas com as crianças, pois elas preparam de forma abrangente o terreno imprescindível para a educação da fé. É necessário que as pessoas próximas a ela pratiquem o que ensinam e exigem da criança. O exemplo potencializa, confere autoridade e dá credibilidade ao ensinamento. E isso é fundamental para o desenvolvimento harmonioso e equilibrado da personalidade da criança.

Atenção para não transferir para Deus aquilo que os pais, responsáveis ou as pessoas que cuidam ou convivem com crianças desaprovam nos filhos ou na criança, quando fazem pirraça, batem em alguém, jogam objetos e estragam alguma coisa. Muitas ouvem falar de Deus quando recebem correções, chamadas de atenção, desde pequeninas, ao ouvirem expressões como estas: "Papai do céu não gosta" ou "Papai do céu é bravo"; "O Papai do céu chora" ou, ainda, "O Papai do céu castiga". Tudo isso, pouco a pouco, vai criando na criança sentimentos de culpa, de medo, de aversão e até de rejeição, porque o "Papai do céu" em nada a aprova, atende e entende. Ao invés disso, falar à criança do Deus que é alguém muito próximo dela, que a ama, é carinhoso, amigo, muito generoso e que lhe dá o que ela tem. Essa prática desenvolverá nela a gratidão, a sensibilidade à sua bondade.

Integração entre fé e vida

Para chamar a atenção da criança é preciso colocar-se à sua altura e, olho no olho, transmitir com calma e serenidade a orientação que deve ser dada naquele momento, associada a um gesto de carinho, um afago, um sorriso, um abraço, enxugando a sua lágrima, para que ela assimile e interiorize a orientação. Muitos pais não levam a criança de colo ou dos primeiros anos para participar da missa e de outras celebrações religiosas porque têm receio de que chorem, não parem quietas, comecem a correr pelo recinto, incomodem os adultos etc. Mas é importante que a criança participe com os pais e adultos mesmo que a linguagem, o conteúdo não lhe seja adequado. Ela vai introjetando a dimensão do sagrado, da necessidade de uma vivência comunitária da fé e chegará o momento em que compreenderá o que já vivenciou, mesmo sem entender. É recomendável levar algum brinquedo que a possa entreter no momento da homilia e em outros mais prolongados que ela não tem condições de acompanhar.

O desenvolvimento da criança entre quatro e cinco anos

A principal característica do período que começa aos dois anos e vai até aos sete anos, mas se intensifica aos quatro e cinco anos, o qual, segundo Piaget, é o período pré-operatório, é o desenvolvimento da função simbólica, que se manifesta predominantemente através de símbolos – imagens, gestos e palavras – para representar objetos e sob a forma de jogo simbólico – jogo de ficção ou imaginação e de imitação.

Compreender e utilizar símbolos exige uma evolução: a representação mental e a função simbólica, isto é, a capacidade de representar, na mente, os objetos da realidade. Essa capacidade já começa a se desenvolver em torno de um ano e meio. A linguagem depende dessa representação mental, sendo o mais complexo aspecto da função simbólica. Por exemplo, quando se pensa em uma laranja, para os outros saberem em que se pensou, é necessário mostrar a fruta, desenhá-la ou verbalizar, "LARANJA".

A linguagem simbólica

A linguagem é a forma de representação que possibilita a interação social, tanto que, a partir de um ano e meio, a criança apresenta simultaneamente um progresso na sua evolução cognitiva e em seu processo de comunicação. Neste estágio do desenvolvimento, até os dois anos ela possui um vocabulário em torno de 270 palavras; aos 3 anos, ela já fala perto de mil e compreende outras duas ou três mil. Suas sentenças já são mais bem estruturadas, o que lhe permite maior socialização. Mentalmente, é ainda muito egocêntrica, percebendo o mundo em função de si mesma.

O jogo simbólico e o desempenho de papéis se desenvolvem a partir dos esquemas sensório-motores que, à medida que são interiorizados, dão origem à imitação e, posteriormente, à representação. Por exemplo: um cabo de vassoura se transforma num cavalo, uma caixa de fósforos num carro e um caixote passa a ser um trem. Faz parte disso também brincar de mãe e filho, de professor e aluno etc.

Neste estágio, a criança, embora não compreenda as regras, já pode praticá-las, desde que adequadamente colocadas pelos adultos. As crianças nesta faixa etária não conseguem submeter-se a normas externas; a isso chamamos de heteronomia. Ela não consegue transferir as normas de uma situação para outras situações semelhantes e, por causa disso, muitas crianças são punidas injustamente, por não terem, ainda, o raciocínio que delas se espera.

O respeito à espontaneidade

O espaço no qual a criança se sinta à vontade, assim como nas outras faixas etárias, continua sendo de elevada importância, seja para brincar, seja para expressar seus sentimentos e suas emoções. A sua imaturidade cognitiva e a fertilidade de sua imaginação levam-na a muitas ideias ilógicas acerca do mundo, apesar do brincar, da criatividade e da imaginação tornarem-se já mais elaborados, melhorando a coordenação dos grandes músculos e aumentando a capacidade de concentração, a independência, o autocontrole e o cuidado para com o próprio corpo.

A participação da criança na vida da família fortalece sua sobrevivência, seu crescimento, sua proteção, já que aprende observando e tomando parte nas atividades dos adultos e com outras crianças. A família ainda é o núcleo da vida, mas o convívio com outras crianças já começa a se tornar importante. Ela é curiosa, afetuosa e seu comportamento é predominantemente egocêntrico. Porém, essa convivência aumenta a compreensão da perspectiva dos outros e a capacidade de autocrítica, além do senso de iniciativa e percepção de que pode planejar, ter ideias e executá-las.

Nessa faixa etária, entre quatro e cinco anos, como em todas as outras, a criança necessita intensamente do brinquedo e do brincar para fazer suas descobertas. Sua capacidade de concentração já pode chegar dos quinze aos trinta minutos, o que vai depender do seu interesse pela atividade desenvolvida.

Características dos quatro e cinco anos

Aos quatro anos de idade já se pode contar histórias reais e fictícias para a criança, para que perceba as diferenças entre elas. É curiosa, busca conhecer as coisas e tem um interesse aguçado pela origem das mesmas. Está habitualmente querendo saber o "porquê" de tudo, e essas perguntas devem ser sempre respondidas, utilizando-se de linguagem simples. É essencial oferecer ajuda para a superação dos limites sempre que se fizer necessário. Nessa idade, as brincadeiras de representar animais, pais e cenas do cotidiano têm maior significado. A criança descobre o próprio corpo e conversa com seus brinquedos: é a fase da animização, quando dá vida aos objetos. Interessa-se por histórias de quando era pequena e mostra grande interesse por sexualidade, gravidez e casamento.

Aos cinco anos, a criança já é mais ágil e possui bom controle muscular. Desenha com segurança, tem bom domínio muscular no manejo de ferramentas simples e em atividades como jogos de encaixe, recortes etc. Seu vocabulário atinge cerca de 2.200

palavras e pode definir os objetos de acordo com a sua função. Aprende com facilidade, através de situações concretas, devido à grande curiosidade que sente por tudo o que a cerca. Tem grande interesse pelas histórias e é capaz de repetir trechos das mesmas em sequência. Torna-se uma pequena cientista, que tudo investiga e verifica, formando seus próprios conceitos. Desenha a figura humana de modo reconhecível; é capaz de acrescentar muitos detalhes no desenho incompleto de um homem. Faz somas simples, desde que concretizadas. É destruidora,[5] mas, em geral, essa destruição é provocada pela curiosidade.

Educar para a igualdade

Nessas faixas etárias, aparecem as descobertas sobre o próprio corpo e o do outro. Meninos e meninas são diferentes no corpo e iguais nos direitos. Se os adultos respeitarem as diferenças entre os sexos, dividirem tarefas e responsabilidades e entenderem que todas as pessoas têm direitos iguais, a criança vai aprender que é importante manter relações de igualdade, de respeito mútuo às diferenças. Negros, brancos, amarelos ou indígenas, sejam gordos, magros, altos, baixos, ricos e pobres, deficientes ou não, todos somos seres humanos e merecemos respeito. Essa é uma primeira lição de cidadania e uma grande oportunidade para construir as bases de uma vida sem preconceitos e para ensinar a se relacionar com outras pessoas. É importante procurar solução pacífica para os conflitos por meio do diálogo, da colaboração e da solidariedade. Regras e normas que a criança aprende com a família são importantes para a sua vida na comunidade. Algumas podem ser negociadas, outras, não.

---

[5] Trata-se não da destruição pela destruição, o que move a criança é o desejo de descobrir como é feito. Por isso, é aconselhável oferecer-lhe brinquedos mais baratos, para não inibir esta curiosidade.

Sugestões de atividades

As brincadeiras preferidas são: caça, pesca, luta, corre-corre, pega-pega, esconde-esconde. E também competições com parceiros como amarelinha, passa-anel, pegador. A criança interessa-se por brincadeiras em areia, terra, água, além de descobrir e inventar ferramentas e trabalhos manuais, leituras de histórias relacionadas ao assunto.

Hoje em dia, as crianças se interessam muito pelos jogos eletrônicos, mas esses não devem abolir atividades de criação com sucatas, brincadeiras em grupo como: queimadas, rodas, paredão, pare-bola e outras.

Educação para a fé entre quatro e cinco anos

A reflexão desenvolvida na fase anterior vale também para esta fase dos quatro aos cinco anos. Nesta etapa a criança já tem o domínio da palavra. Consegue formular de forma coerente o pensamento, já entende a linguagem simbólica, gosta de ouvir histórias e de recontá-las por meio de figuras, com muita criatividade e fantasia, usando gestos, sons, expressão corporal.

A criança de quatro a cinco anos convive com os pais ou responsáveis, em família. Se esta professa a fé cristã, ela já tem uma iniciação pela própria participação nas celebrações e festas religiosas, seja em casa, seja na comunidade de fé. O cultivo da fé pela oração diária e a leitura da Bíblia pode despertar e criar interesse maior pelas histórias bíblicas ilustradas, tanto do Primeiro quanto do Segundo Testamento, sobretudo, a história de Jesus, dos seus amigos, com livros para colorir, recortar, encenar e recontar, segundo a sua capacidade de compreensão e linguagem. Se as crianças já participam em tudo da vida familiar (férias, refeições, encontros de família etc.), por que não participar dos momentos especiais do cultivo da própria fé na grande família de Deus?

Este envolvimento das crianças faz com que elas se sintam participantes também dos valores cristãos que a família preza. Caso não haja uma atividade especial para elas, organizada pela comunidade, nas celebrações com adultos, sugere-se levar algum material que envolva a criança, como lápis de cor, folhas de papel sulfite, jogos de montar, ou algum livro de gravuras que prenda a sua atenção.

O desenvolvimento da criança entre seis e sete anos

Na fase de seis e sete anos em diante, a criança desenvolve a capacidade de socialização, participando de diferentes grupos. Neste convívio descobre as próprias potencialidades e as desenvolve por meio de jogos e das experiências que realiza, unidas ao ensino e ao exemplo dos mais velhos, que lhe ajudarão a ter maior equilíbrio e maturidade psicológica. Nessa idade ela já adquiriu um número considerável de conhecimentos, que vão aumentando constantemente as suas noções de mundo. É mais inteligente e menos intuitiva. A mudança é menos evidente nas crianças com pouca convivência, menos sociabilizadas. Interferem também as condições familiares. A falta do pai e/ou da mãe podem ocasionar o retardamento em questões da vida sentimental.

Personalidade em formação

A formação do caráter é um processo lento e gradual na educação da criança. Muitas pessoas dizem: "Fulana de tal tem caráter". O que elas querem dizer com esta afirmação? Que esta pessoa tem valores que formam a sua personalidade.[6] Estes valores são incutidos na educação da criança desde o berço. Entre os seis e sete anos, a criança começa a tomar maior consciência de si mesma,

---

[6] Os elementos que formam a personalidade são múltiplos como os valores morais, sociais, espirituais, culturais, éticos etc.

aprende a fazer escolhas, a cultivar valores, forjando, deste modo, de forma sadia, o seu caráter.

A vida afetiva da criança

Quanto mais rica for a vida afetiva, em emoções,7 tanto mais rica poderá ser em sentimentos.8 Tanto os sentimentos quanto as emoções necessitam de estímulo externo e de uma vida de comunicação afetiva para se elaborarem e para darem um tom afetivo a toda personalidade. É fundamental a criança sentir-se amada. E é só num ambiente de segurança afetiva que ela vai se sentir bem. Esse estímulo nasce do exterior ou da própria interioridade da criança, e se dará mais facilmente numa vida na qual a relação com o mundo seja dilatada, a inteligência seja ativada e para a qual haja uma educação constante.

Todos os sentimentos são inatos na vida da criança; sem dúvida que ela poderá experimentá-los, mas nenhum educador será capaz de criar nela qualquer outro sentimento. Contudo, a criança que viveu mais isolada e teve uma educação descuidada, normalmente é pobre na sua vida afetiva. Não consegue diferenciar com clareza os próprios sentimentos. Nestas condições, ela quase não consegue ultrapassar os sentimentos de dor, de prazer e de egoísmo. Sentimentos estes que, em uma educação cuidadosa, já estariam na transição do egocentrismo para o altruísmo, do individualismo para a participação em grupos maiores.

Ausência de paixões

Aos seis anos, aproximadamente, os sentimentos já estão quase todos esboçados, embora não se possa dizer que sejam mais numerosos que as emoções, porque estas são determinadas e provocadas por estímulos. Pode-se garantir que toda a vida afetiva da criança começa a ser dirigida tanto pelos sentimentos como pelas emoções.

---

[7] Emoção: estado afetivo intenso. As emoções mais fundamentais: alegria, tristeza, medo e raiva.

[8] Sentimentos: culpa, vergonha, gratidão, orgulho, inveja, desprezo, espanto etc.

Uma característica essencial da vida afetiva da criança é a ausência absoluta de paixões, que não aparecem antes da puberdade ou da vida adulta. Esta ausência de paixões não impede que alguma vez as suas emoções possam chegar a criar um estado passional momentâneo. Mas, se for frequente, é fruto de uma personalidade ou educação desequilibrada e fora da normalidade.

Há outras características que podem ser destacadas nesta faixa etária: tem maior capacidade de compreender, discutir e enfrentar situações emocionais; além de maior poder de concentração e de atenção; faz perguntas sobre as coisas que a rodeiam; distingue melhor a realidade da fantasia; mostra algum grau de pensamento abstrato; tem mais iniciativa e curiosidade sexual acentuada.

Período de operações concretas

Na fase anterior havia o egocentrismo intelectual e social, que consistia na incapacidade de se colocar no ponto de vista dos outros. Nesta fase a criança é capaz de estabelecer relações e coordenar pontos de vista diferentes, próprios e de outrem, bem como de integrá-los de modo lógico e coerente. Um outro aspecto importante neste estágio refere-se ao aparecimento da capacidade da criança de interiorizar ações, ou seja, ela começa a realizar operações mentais, e não mais apenas através de ações físicas típicas da inteligência sensório-motora.

A criança de 6 e 7 anos precisa igualmente de afeto e carinho constantes; ela está numa fase de ajustamento pessoal e social e todo o ajustamento leva implícita uma crise. O pai desempenha um papel importante nesta fase: deve preocupar-se com a criança, pedir-lhe ajuda em tarefas simples, proporcionar a convivência de momentos de ócio e de lazer.

É importante o papel da Educadora ou do Educador, que não substitui o papel dos pais, mas, sim, reforça um sentimento de maior segurança. É importante, também, dar à criança responsabilidade de acordo com suas possibilidades. Nesta idade, sobretudo, é necessária uma relação mútua entre a família e o educador.

Educação para a fé entre seis e sete anos

Neste período de vida surgem os sentimentos mais importantes: o estético e o religioso. O sentimento estético é a capacidade de perceber o belo e encantar-se com ele, enquanto o sentimento religioso está ligado à dimensão sagrada da vida e ao seu Autor. A percepção estética, porém, não costuma surgir antes dos seis anos. Para que isso aconteça, é preciso que lhes sejam oferecidas oportunidades para a formação estética e religiosa.

Só pelo fato de possuir uma natureza humana, a criança já tem, em potência, a ideia de Deus. E pode chegar a possuí-la não por investigação própria, mas por influência do meio. Ela fará perguntas e mais perguntas, até esgotar todas as possibilidades para satisfazer a sua curiosidade. Para ela tudo tem sua causa, o seu fim, a sua utilidade; toda ação tem o seu "por quê" e ela não desiste do seu desejo de saber ou de julgar que já sabe. À fase do "por quê" segue a fase do "para quê". Precisamos ter cuidado para não desestimular a criança na sua busca por respostas. Assim, ela vai conseguindo entender que há um Autor de todas as coisas.

Compete à família, ao Educador e à Educadora da fé, perceberem o significado de suas perguntas que, muitas vezes, vão além de um sentido puramente humano, natural, mas há nelas uma busca do sentido do sagrado, da dimensão religiosa da vida. Esta é uma porta aberta para falar e refletir sobre a obra de Deus, como Criador de todas as coisas, como aquele que provê, sustenta o universo e nos ama como "Materno Pai".

É essencial este sentimento de filiação divina como base de uma educação religiosa sólida e firme. Pais e educadores não se podem esquecer de que esta idade é importantíssima para lograr uma educação religiosa de tal maneira viva e sincera que suscite o desejo de participação das crianças. Tal educação religiosa consiste no ensinar, mas, sobretudo, em testemunhar uma vida de piedade engajada e comprometida com a comunidade.

Sugere-se que nesta faixa etária de seis e sete anos trabalhe-se a religiosidade também enquanto descoberta dos valores e do compromisso social na construção do "eu", na descoberta do outro, na criação de significados e vínculos. É papel da Educadora e do Educador da fé orientar a criança na busca do sentido da vida, ajudando-a a estabelecer relação com si mesma, com o outro e com Deus.

Na relação com si mesma, podemos estimulá-la a descobrir que não existe nela só um corpo exterior; existe algo mais que ela não pode ver. Isso vai ajudá-la a descobrir o além da matéria, a dar atenção aos seus pensamentos, a aprender a cultivar o silêncio interior, a ter domínio do seu corpo, para que seja uma adulta capaz de dominar os próprios instintos; a dar sentido ao esforço, pois, através dele, nos tornamos diferentes e libertamos nossas energias; a descobrir seus próprios limites, para que perceba que precisamos uns dos outros.

Na relação com os outros vamos estimular a vivência da proximidade, da generosidade, do amor que sabe partilhar e que, acima de tudo, perdoa e sabe doar-se na gratuidade, cultivando a solidariedade, que ajuda a criança a fazer a experiência de se sentir responsável pelos outros.

Na relação com Deus, além de falar dele à criança, devemos estimulá-la a fazer a experiência de falar com ele, seu Pai, e proporcionar o conhecimento de Deus não explicado, mas vivenciado; esse Deus que faz, cria e age na criação; que fala à nossa consciência e está vivo nas pessoas, nos acontecimentos, na história.

2.
Novo olhar sobre as Escrituras: Deus abençoou o sétimo dia e o santificou

O que chama a atenção numa primeira leitura de Gn 1,1–2,4a é a força criadora da Palavra de Deus que tudo chama para a existência, e ele mesmo se admira da beleza que criou: "E Deus viu que tudo era bom".[1] Deus tudo chama à vida: o céu e a terra, o mundo mineral, vegetal, animal e humano, distribuindo-os em seis dias, e no sétimo Deus descansou. O autor não especifica um lugar preciso, como veremos na segunda narrativa, mas é o universo todo o lugar onde Deus realiza a sua obra. Ele ainda tem a preocupação de situar toda a criação no tempo cronológico, nos seis dias da semana, incluindo o dia do descanso, o sétimo dia.

A primeira preocupação do autor é, de fato, falar do sábado, o sétimo dia, o dia abençoado e santificado por Deus. O dia do descanso. Ele vem como coroamento dos seis dias trabalhados por Deus. Em cada dia da semana o autor apresenta o que Deus fez. Oferecemos à Educadora e ao Educador da fé uma reflexão mais aprofundada e ampla sobre a interpretação do texto de Gênesis 1, para que ambos possam ter uma nova visão e interpretação para colaborarem com uma reflexão mais consciente, real, responsável e crítica sobre os conteúdos bíblicos.

A criança ainda não consegue entendê-los, mas a metodologia adotada para o estudo bíblico desperta-a para a busca, a continuidade da reflexão. As explicações oferecidas sobre a primeira narrativa é para uma leitura e fundamentação atualizada sobre os

---

[1] Cf. Gn 1,4.10.13.18.25.31.

textos bíblicos para os pais, o Educador e a Educadora da fé. Estes conteúdos serão, sem dúvida, iluminadores da própria realidade vivencial; na família, na atuação profissional, na vida eclesial e em qualquer lugar.

Fora da terra, a defesa da fé de Israel

O contexto geográfico no qual nasceu a narrativa de Gn 1,1–2,4a é a Babilônia, cujo Império dominou sobre o Reino de Judá por volta de 587 a.E.C. Ele terminou com a monarquia, arrasou a cidade de Jerusalém, o Templo, os muros, as casas e muitas cidades da região da Judeia. Exilou para a Babilônia grande parte da população israelita, a mais instruída, que lá chegou como prisioneira e escrava, não tendo direito ao descanso. Convivendo com os babilônios, conheceram seus costumes, sua cultura, suas tradições religiosas. Muitos israelitas sentiam-se atraídos pelas festas e ritos religiosos dedicados às divindades cultuadas pelos nativos. Eram povos politeístas que cultuavam o deus sol, a deusa lua, o deus Marduk, Baal e outros. Tinham, como todos os povos, as suas narrativas sobre a criação do cosmos e do ser humano.[2]

Os membros do grupo sacerdotal, então, se preocuparam em escrever a sua narrativa sobre as origens, que se encontra no primeiro capítulo do livro de Gênesis. Os cinco primeiros livros da Bíblia: Gênesis, Êxodo, Levítico, Números e Deuteronômio são conhecidos como o bloco do Pentateuco (penta = cinco; teuco = livro). A autoria destes cinco livros foi atribuída a Moisés durante muito tempo, mas os estudiosos da Bíblia descobriram que foram escritos muito tempo depois de Moisés, em épocas diferentes e por pessoas que pertenciam a diferentes grupos, conhecidos como tradições, ou fontes, ou ainda escolas. Os textos da tradição javista

---

[2] A primeira narrativa da Criação, Gn 1,1–2,4a, sofreu influências da narrativa *Enuma Elish* da Babilônia. Cf. PEINADO, Frederico Lara. *Enuma Elish, poema babilônico de la creación*. Valladolid: Simancas Ediciones, S.A. 1994.

(J) chamaram a Deus de Javé; a tradição Eloísta (E), de Elohim; e a tradição Deuteronomista (Dtr), de Deuteronômio, daí tirando seu próprio nome. Essa tradição é formada por sete livros: Dt, Js, Jz, 1º e 2º Samuel, 1º e 2º Reis, pois eles trazem muitos assuntos em comum (a Lei, a Aliança, o Templo, a Monarquia etc.), e a tradição Sacerdotal, que surgiu no período do exílio e continuou no pós-exílio. Foi ela que escreveu a narrativa de Gênesis 1, por volta de 580 a.E.C, no exílio da Babilônia.

O autor de Gn 1,1–2,4a, membro do grupo sacerdotal, zelava pelo culto e pelas tradições religiosas dos israelitas. Por isso, ficou preocupado com os seus conterrâneos e correligionários que se desviavam da fé no seu Deus, estavam em constante contato com estes povos que não viviam a mesma fé no Deus UM. Eles seguiam outras tradições religiosas, cultuando diferentes divindades. A cada uma delas era atribuída uma obra da criação, por exemplo, a Baal era atribuído a fecundidade, Eolo era conhecido como o deus do vento. Também o sol e a lua eram atribuídos a outras divindades. Por isso, o autor bíblico os chama de luzeiros,[3] os dois astros, um para governar o dia e o outro a noite. Ele não os chama pelo nome, porque eram conhecidos como divindades da Babilônia. Para o autor bíblico não são divindades, mas criaturas do Deus UM. Foi o Deus de Israel quem criou o céu e a terra e tudo o que existe neles, como o sol, a lua, as estrelas, as plantas, os animais e o ser humano.[4] Tudo vem à existência pelo poder de sua Palavra. Ela realiza o que diz. Sua palavra tem poder de criar e dar vida à multiplicidade dos seres que existem sobre a face da terra.

---

[3] O autor sacerdotal chama também de luzeiros as lâmpadas do santuário, no Templo (cf. em Ex 35,14; 39,37), talvez porque considerasse o universo inteiro o grande Templo de Deus, onde o sol e a lua, divindades pagãs, são reduzidos aqui à sua verdadeira função de sinais da presença de Deus.

[4] Confira outros textos bíblicos sobre a criação: Sl 8; 19,2-7; 33,6-9; 104; Is 40,12-26; Jó 38–39; Pr 8,22-31.

O ser humano à imagem e semelhança de Deus

O ser humano está no centro de toda a obra da criação: "Façamos o homem à nossa imagem, como nossa semelhança... Deus criou o homem à sua imagem, à imagem de Deus ele o criou, homem e mulher ele os criou" (Gn 1,26-27). A ele foi entregue o poder de dominar sobre a natureza e os demais seres viventes; este domínio não lhe confere o direito de maltratar, arrasar e destruir a obra de Deus, mas de colocá-la toda a serviço do bem-estar de toda a humanidade, indistintamente. A imagem de Deus nos é dada, ela é inerente ao nosso ser de criaturas capazes de entrar na relação com ele, pois temos a essência divina em nós. Enquanto a semelhança com Deus é escolha nossa, faz parte da nossa liberdade acolher a aliança de Deus. Ele precisa da nossa livre colaboração, para assemelhar-nos com ele em cada ato nosso. Desse modo, a relação do ser humano consigo mesmo, com a natureza, com os demais seres humanos é assim orientada para o louvor e a glorificação de Deus, seu Criador. Pois "Deus viu que tudo isso era muito bom"[5] (Gn 1,31).

O ser humano é criado à "imagem[6] e à semelhança de Deus", e como tal imita a Deus ao realizar o seu trabalho, qualquer que seja ele. Mas só realiza a sua vocação de "imagem de Deus" ao estabelecer um diálogo com ele pelo repouso, a oração, a gratidão: o culto religioso. Esta é a finalidade do sábado, do sétimo dia, o dia do descanso. Nele se reservava um tempo especial para o culto a Deus. A preocupação com o descanso reflete a situação do povo fora da sua terra, em meio a um povo estrangeiro, onde o descanso não era uma prática habitual. Os exilados, porém, sentiam a ne-

---

[5] Cf. Gn 1,10.13.18.21.25.

[6] O povo da Bíblia não aceita representar a Deus por meio de imagens, porque lembrariam o culto prestado a criaturas divinizadas (cf. Ex 20,3-6). O rosto humano é a única imagem que Deus permite (cf. MICHAELI, F. *Dieu l'image de l'omme*, Delachux et Nestlé. 1950). Observe, porém, que Deus manda construir duas estátuas de Querubins, para colocá-las sobre a arca da Aliança (cf. Ex 25,17-20). Elas não substituem a Deus, mas indicam a sua presença.

cessidade de ter um tempo livre para o descanso e o culto, para o louvor e a gratidão ao Deus Criador e Senhor de todo o universo. Se Deus, ao criar o mundo, trabalhou durante seis dias e no sétimo descansou, nós que somos suas criaturas, feitos à sua imagem e semelhança, temos o mesmo direito. É ele quem nos dá este direito. Nenhuma autoridade: rei, governador ou prefeito, pode tirar-nos esse legado. Pois Deus está acima de todos eles.

Se Deus descansou, nós, suas criaturas, precisamos descansar

A preocupação do autor sacerdotal era, portanto, a de sustentar a fé do povo exilado, que vivia fora de sua terra, com saudades do templo, das festas e do culto a Deus celebrado no dia do descanso. Era como se vivessem no caos e nas trevas. Se Deus havia tirado o universo do caos e das trevas no seu princípio, e criado tudo, ele poderia, agora, fazer viver novamente o seu povo. Essa esperança sustentou a fé do povo no exílio. A intenção do autor é dar um fundamento teológico à lei do sábado, o sétimo dia, o dia do descanso (cf. Ex 20,8). Por isso, ele apresenta o trabalho de Deus na criação, como modelo e exemplo para o trabalho humano a ser santificado no sétimo dia.

O autor bíblico usa o esquema da semana, sete dias, para situar nela toda a obra da criação, como um evento histórico, tendo um começo e um fim, pois são criaturas finitas, mesmo que tudo tenha a sua razão de existir. Os luzeiros, por exemplo, exercem uma função importante, a de fixar o dia e a noite, o tempo, o calendário e as estações. E o dia mais importante neste calendário para o povo de Israel é o sábado, conhecido como "Shabat", por ser o dia do descanso, símbolo máximo do judaísmo, porque é a celebração da liberdade, da igualdade e da justiça. Para a tradição religiosa islâmica o dia do descanso é a sexta-feira, para os cristãos, o domingo.

O sábado, sinal da Aliança com Deus

O escravo não é livre, seu tempo não lhe pertence. Só a pessoa livre é dona do seu tempo, podendo dispor dele para satisfazer sua necessidade física de descanso. O descanso é o coroamento do trabalho humano. Nesse dia a pessoa não está sujeita às tensões e às exigências da vida cotidiana. E sob o ponto de vista social, o descanso é a essência da igualdade. Nesse dia não há distinção de classe ou posição social. Por essa razão, torna-se também o clímax da justiça, pois o descanso é um direito de todos, não só dos seres humanos, mas também dos animais e até mesmo da terra. Todo ser humano, e não só os israelitas, tem o direito a um dia de descanso semanal. Nele é chamado a renovar a sua aliança com Deus, seu Criador.

Deus está na origem da vida

Há pessoas que entendem as narrativas bíblicas sobre a criação ao pé da letra. Ficam escandalizadas e com medo de perderem a própria fé, ao descobrirem que a preocupação primeira do autor bíblico é falar da importância do sábado, dia do descanso. Essas pessoas se fecham a novas interpretações, rejeitando-as e a tudo o que as ciências apresentam.

Há outras pessoas, sobretudo, na fase da adolescência, que, quando começam a estudar as teorias da criação e da evolução, entram em crise de fé, porque aquilo que aprenderam na catequese não lhes deu consistência, e se revoltam e abandonam a Igreja, porque ela não ensinou a verdade. Acreditam somente naquilo que pode ser comprovado pelas ciências; tudo o mais não tem valor.

Há, ainda, pessoas que levam adiante a crítica dos fundamentos de sua fé para burilá-la, purificá-la e solidificá-la segundo os ditames da fé bíblica. Essas pessoas avançam na compreensão da própria fé. Conseguem integrar fé e ciência, por meio do estudo e aprofundamento do significado que as Escrituras tinham para o povo de Israel ontem e têm para os cristãos no contexto atual. Essas pessoas vão crescendo na fé esclarecida e, por isso, experimentam grande felicidade, porque esta Palavra alimenta a sua fé. Elas não estão preocupadas com a exatidão dos fatos, mas com o seu significado. Aceitam as novas interpretações da Bíblia. Levam em conta o seu gênero literário. Em nenhum momento o autor afirma que a criação se deu da forma como foi descrita, mas explicita com uma narrativa de beleza ímpar, para dizer que Deus está na origem de toda a forma de vida mineral, vegetal, animal e humana.

3.
Metodologia para os encontros com crianças

Os temas aqui propostos, para serem trabalhados na pedagogia bíblica, abrangem Gênesis de 1,1–12,20. No entanto, para as crianças de três a seis anos serão trabalhados somente os temas de Gênesis 1,1–2,4a, que se referem à criação em sete dias. Os demais temas que vão de Gênesis 2,4b a 12,20, como: o fruto proibido, o bem e o mal, a morte, o dilúvio, as genealogias, a torre de Babel e Abraão, não serão trabalhados nesta faixa etária, pela sua complexidade e por pressuporem uma maturidade maior.

Neste livro, a metodologia da pedagogia bíblica será adaptada a esta faixa etária e desenvolver-se-á em quatro passos sucessivos.

Sensibilização

A sensibilização pode ser preparada de acordo com o grupo e as condições de local e espaço. Ela visa despertar o interesse e criar um clima favorável para introduzir a criança ao tema a ser trabalhado. Serão sugeridas algumas músicas ou canções, que também podem ser substituídas por outras canções folclóricas ou regionais, a critério do Educador ou da Educadora da fé, contanto que sejam pertinentes ao tema trabalhado.

O texto bíblico

A narrativa bíblica pode ser apresentada de diversas formas, sobretudo quando se trata de crianças e pré-adolescentes. A sugestão é que seja transmitida de forma dinâmica, gesticulada e interpretativa, utilizando as técnicas próprias da contação de histórias.[7]

Espaço para criar[8]

O espaço para criar estimula a criança a desenvolver a sua criatividade de forma lúdica, integrando também o que ouviu no reconto bíblico. A Educadora e o Educador na fé precisam de muita flexibilidade, adaptação, tanto ao grupo quanto à realidade da criança, na questão do tempo, do material e do local.

Neste manual seguem sugestões que foram preparadas, respeitando a psicopedagogia das idades e o tema. Cabe a cada Educadora e Educador escolher ou adequar estas sugestões à realidade de cada grupo em que atua. No espaço para criar, serão priorizadas atividades que poderão ser desenvolvidas em quatro áreas: lúdica, literária, artística e musical, cada qual caracterizada com o seu ícone correspondente também ao longo do texto.

 Atividades lúdicas

As atividades lúdicas envolvem mais o corpo, o criar com as mãos, o observar e o descobrir das crianças. Serão apresentadas uma ou mais sugestões. Cabe à Educadora ou ao Educador escolher uma delas, ou substituí-las por outras. Quanto ao uso de tesoura, é preferível levar os papéis ou moldes já cortados para as crianças de primeira infância. E para as crianças maiores desenvolverem a sua coordenação motora, utilizem-se tesouras sem pontas.

---

[7] As crianças gostam de ouvir histórias, são sensíveis às histórias bíblicas. E se o Educador e a Educadora da fé dominam bem o conteúdo e a técnica da contação de histórias, sem dúvida, despertarão maior gosto e interesse pelas histórias dos personagens bíblicos. A técnica consiste em: entonação da voz com gestos, movimentos, postura corporal, vestimenta, uso de fantoches, música, disposição das crianças no ambiente, proximidade para ouvirem e verem bem etc. Antes de iniciar a história, fazer uma rápida introdução, alegre e divertida, para criar silêncio, prender a atenção. As perguntas e o diálogo ficam para o final da história.

[8] Com as crianças de três a sete anos, cada atividade será trabalhada a partir do tema central do texto bíblico proposto, seguido de algumas perguntas simples – na forma de diálogo interativo –, pois o mais importante nesta faixa etária é trabalhar com o aspecto lúdico e pedagógico.

Atividades literárias

Nas atividades literárias o Educador ou a Educadora encontrará sugestões de livros com histórias relacionadas a cada tema bíblico proposto, acompanhadas de atividades específicas da primeira e segunda infância e pré-adolescência.

 Atividades artísticas

Nas atividades artísticas a criança é convidada a desenvolver a sua capacidade de criar e de executar uma atividade manual diferente em cada um dos sete encontros, sobre Gênesis 1,1–2,4a: a criação em sete dias.

 Atividades musicais

Nas atividades musicais são propostas canções infantis, relacionadas com cada tema bíblico na sequência dos sete dias. Podem ser cantadas com gestos, danças, segundo a criatividade de quem orienta o grupo. Elas serão sugeridas conforme a faixa etária.

Momento celebrativo

O momento celebrativo para a primeira infância compreende a nova atitude de vida que o texto sugere e o momento de interiorização para voltar o nosso olhar a Deus, para agradecer, oferecer, admirar. É muito importante ler, estudar, criar, transformar estes conteúdos bíblicos como alimento para a nossa fé, a nossa vida de cristãos. A celebração traz o olhar para o interior, para o significado de tudo isso que foi visto, contemplado, para falar com Deus e para Deus.

Atitude de vida

A atitude de vida nasce em consequência de toda a reflexão que foi desenvolvida ao longo do encontro, no sentido de rever posturas, atitudes, em relação ao tema proposto. Por exemplo, ao tema da criação, o cultivo, o cuidado, o respeito à natureza, aos animais, às coisas pessoais, familiares, sociais ou públicas.

Interiorização

É o momento de ajudar as crianças a fazerem a sua síntese a partir do tema trabalhado no dia, por meio de um canto, de uma figura, de uma dança, de uma oração espontânea rápida ou preparada. Quer, acima de tudo, despertar na criança a admiração, o carinho, a amizade e o sentimento de gratidão a Deus, porque ele é bom e fez toda sua obra com beleza, arte, harmonia, variedade e perfeição.

4.
Temas para os encontros

Os temas desenvolvidos para a fase da primeira infância de Gênesis 1,1–2,4a seguem os sete dias da criação, priorizando os elementos criados em cada dia.

- Primeiro tema – Deus fez o dia e a noite. Nele se trabalha a luz e as trevas, correspondendo a Gn 1,1-5;
- Segundo tema – Deus fez a separação das águas de cima das águas de baixo, em Gn 1,6-8;
- Terceiro tema – Deus fez árvores, flores e frutos, em Gn 1,9-13;
- Quarto tema – Deus fez os luzeiros e as estações, em Gn 1,14-19;
- Quinto tema – Deus fez os animais pequenos e grandes, em Gn 1,20-23;
- Sexto tema – Deus fez o homem e a mulher, em Gn 1,23-31.
- Sétimo tema – Deus concluiu a obra e descansou, em Gn 2,1-4a.

E Deus viu que tudo era muito bom! Ele sentou-se e contemplou, maravilhado, a beleza de sua obra!

Na proposta das atividades consideramos a primeira infância de zero a sete anos. Normalmente as crianças iniciam sua alfabetização no final dessa fase. Neste livro, porém, o Educador e a Educadora da fé encontrarão atividades adequadas a esta faixa etária. Há também a proposta de atividades para as crianças maiores de seis anos que já sabem ler e escrever. Por isso, escolha com atenção as atividades aqui propostas, levando em conta a condição das crianças.

Sugestão

Ao encerrar cada encontro, a criança é convidada a colocar o próprio nome no verso da sua atividade; caso ela ainda não saiba escrever, a Educadora ou o Educador o fará. Convide as crianças, desde o primeiro dia, a guardarem os desenhos e as pinturas numa pasta comum para serem expostos aos pais e familiares, após o último encontro, propondo que tragam "comidas e bebidas" para partilhar com todas as crianças, numa homenagem a elas, por terem concluído o estudo de Gênesis 1.

E para homenagear os pais ou responsáveis e familiares, as crianças apresentarão Gênesis em forma de jogral ou de contação de histórias, a critério do Educador ou da Educadora. Ambas as propostas se encontram no Capítulo 5 deste livro, com a exposição de tudo o que as crianças criaram na sequência dos sete dias da criação.

Segue às apresentações a confraternização dos adultos com as crianças.

Primeiro encontro:
Deus fez o dia e a noite

Educador ou Educadora: Hoje vamos conhecer uma história muito bonita. Ela está nas primeiras páginas de um grande livro. Ele fala de Deus, que criou o dia e a noite, tarde e manhã, claro e escuro, luz e trevas. E agora vamos aprender um canto que fala sobre o dia e a noite que Deus fez, cuja melodia vocês já conhecem.

Sensibilização

 Canto: No dia um, / primeiro dia, vamos ver / o que Deus fez:

Fez o claro / e o escuro; dia e noite / noite e dia!

Orientações: Cantar usando as melodias de "Ciranda, Cirandinha", ou "Terezinha de Jesus", ou "O Cravo e a Rosa", ou ainda de "Peixe Vivo" (nesta melodia do "Peixe Vivo", repetir duas vezes o refrão). Cantar com as crianças a canção indicada, com expressão corporal, acompanhada de algum instrumento musical produzido com sucatas (chocalho, pandeiro, cabide de chaves etc.).

Texto bíblico: Gn 1,1-5

Motivação para contação da história – texto bíblico:

 Canto: Agora eu quero ver quem consegue me acompanhar.

Agora eu quero ver quem é esperto e vai responder!

- Quando eu disser sim, vocês vão dizer não!
- Quando eu disser não, vocês vão dizer sim!
- Sim, sim, sim! // (Eles:) Não, não, não! // Não, não, não! // Sim, sim, sim!
- Noite, noite, noite!// Dia, dia, dia! // Dia, dia, dia! // Noite, noite, noite!

- Sol, sol, sol! // Lua, lua, lua! // Lua... // Sol, sol, sol!
- Céu, céu, céu! // Estrela, estrela, estrela! // Estrela... // Céu, céu, céu!
- Flor, flor, flor! // Jardim, jardim, jardim! // Jardim... // Flor, flor, flor!
- Agora, agora, agora! // História, história, história! // História... // Agora, agora agora!

Era uma vez um povo que gostava de contar e escrever histórias, as quais estão na Bíblia.

Vocês conhecem um livro chamado Bíblia? (Pausa) É este livro aqui. (Mostrar a Bíblia) Nas primeiras páginas ela fala de Deus, que fez o dia e a noite, a luz e as trevas. Vocês querem ouvir? (Pausa).

Observação: Pode-se fazer a leitura diretamente da Bíblia, Gênesis 1,1-5, ou na elaboração que segue:

Contação da história bíblica – primeiro dia

"No início do mundo, Deus fez o céu e a terra. Deus falou bem alto: 'LUZ!'. E a luz apareceu. Deus viu que a luz era muito boa. Ela iluminava a terra. Deus deu um nome à luz. E que nome ele deu à luz? DIA. E ao escuro ele deu o nome de: NOITE. Houve dia e noite e foi o *primeiro dia.*"

Quem já conhecia esta história? Agora é dia ou noite? (Pausa) O que vocês fazem de dia? (Pausa) E de noite? (Pausa).

Espaço para criar

Em todas as atividades a serem desenvolvidas ao longo do estudo da Bíblia, convidamos a Educadora ou o Educador a desenvolvê-las com alegria e encanto, mostrando a perfeição, a beleza da obra de Deus e, como consequência, o cuidado que é preciso ter para respeitá-la e cultivá-la. Deve-se falar da dimensão sagrada do tempo, no qual realizamos as vivências do dia e da noite, criados por Deus.

Observe que, ao ministrar o conteúdo religioso, bíblico, se está desenvolvendo também a motricidade da criança; despertando a atenção para as cores e o seu reconhecimento; desenvolvendo o gosto pela leitura, o cuidado com o livro de literatura e o desenvolvimento da linguagem oral; despertando também a criatividade; trabalhando o desempenho da linguagem oral e reproduzindo a história.

As crianças maiores já têm condições de perceberem quais são as atividades que elas desenvolvem durante o dia e durante a noite. As atividades propostas reforçarão as lições de letramento e linguagem, desenvolverão o gosto pela leitura e representarão o dia e a noite.

 Atividades lúdicas

Pedir que as crianças fechem os olhos e perguntar se estão enxergando alguma coisa. Depois convidá-las a sair ao ar livre, se isso for possível, e fazê-las observar o que estão enxergando. Repetir e dialogar com elas sobre tamanho, cor, forma; perguntar se têm alguma planta ou bicho em casa. Depois sugerir que pintem o dia e a noite.

Pintar luz e trevas (3 a 5 anos)

Materiais: Tela de 15 x 20 cm (ou folha de sulfite/ofício cortada ao meio); tinta guache ou acrílica, nas cores: branco, azul, amarelo, preto, vermelho, marrom, azul-marinho; pincel ou buchinha de algodão (ou de espuma) para pintar.

Orientações: Entregar para cada criança a tela de 15 x 20 cm (ou metade de uma folha de sulfite/ofício) para pintar a luz e as trevas. As cores claras/frias (branco, azul, amarelo, verde) simbolizam a luz. As cores escuras/quentes (marrom, vermelho, azul-marinho e preto) representam as trevas. Peça que as crianças pintem metade da tela com as cores claras e a outra metade com as cores escuras.

Diálogo interativo: O que vocês pintaram até agora? O que representa a luz? O que representam as trevas? Quem aqui na sala está vestido com roupa clara? E com roupa escura? Quando brilha o sol? E quando brilha a lua? Quem fez o dia e a noite? Quem gostaria de cantar a música que aprendemos hoje?

A experiência dos feijões (3 a 5 anos)

Materiais: Caixa de papelão pequena; tesoura; pincel ou buchinha; tinta guache (ou acrílica) na cor preta; vasilha com terra ou uma buchinha de algodão (pode-se substituir a vasilha por uma garrafa pet cortada ao meio); algumas sementes de feijão (ou de alpiste); água para regar.

Orientações: As crianças devem preparar esta atividade com uma semana de antecedência. Primeiramente, com auxílio de um adulto, devem fazer um pequeno orifício na caixa (pode ser na lateral ou em cima dela) com uma tesoura. Pintar externamente a caixa de papelão com tinta guache na cor preta e deixar secar. Colocar terra na vasilha (ou garrafa pet), com algumas sementes de feijão (ou de alpiste). Coloque-a dentro da caixa pintada de preto, mantendo-a fechada, de forma que a luz passe somente pelo orifício que está em cima ou na lateral. Regar as sementes todos os dias. Trazer para o encontro a caixa com as sementes brotadas.

Diálogo interativo: (Pedir às crianças que se sentem no chão, em círculo, e coloquem a própria caixa a sua frente, para que todos possam apreciá-la) Como foram os preparativos? Quem as ajudou? Quais sementes vocês escolheram? Que cuidados tiveram durante a semana? O que atraiu a plantinha para o buraco? O que fez a plantinha crescer? Como vocês se sentiram? Quem foi que criou as plantas? O que Deus nos pede? Vamos cantar a música que aprendemos hoje?

Teia de palavras (6 e 7 anos)

Materiais: Caixa transparente de CD; cola; papel branco 14 x 12; lápis de cor; recortes de papel colorido; 20 cm de barbante ou fita.

Preparação para a teia de palavras: Trabalhar verbalmente as perguntas que seguem, com as respostas dadas pelas crianças:

- O que enxergamos no céu de dia? O que vemos no céu à noite?
- O que fazemos de dia? O que fazemos à noite?
- Quantas letras tem a palavra dia? Quantas letras tem a palavra noite?
- Quantas letras têm as palavras: sol, lua, Deus?

Orientações: Distribuir uma folha com o desenho de uma figura oval, dividida ao meio. Em uma metade escrever a "palavra dia" e na outra metade, "noite". De cada metade sairão três setas. Ao lado do dia, em cada seta, escrever palavras referentes ao dia e, de outro lado, palavras que se referem à noite. Depois de escrever as palavras escolhidas e selecionadas para o dia e para a noite, criar uma frase.

Criação e execução da floração do poema

Criar um poema com frases sobre o dia ou sobre a noite. Ilustrá-lo com um desenho ou com um origami, ou ainda com uma pintura; depois, colar a folha trabalhada no CD, formando um quadrinho que lembra o texto bíblico sobre o dia e a noite.

Diálogo interativo: Quais foram as palavras que escolheram para colocar no dia? E quais as palavras que escolheram para colocar na noite? Quem quer falar por que escolheu essas palavras?

(Se a criança escolheu alguma palavra que indique ação, perguntar se ela gosta dessa ação.

Por exemplo: rezar antes de dormir; a quem ela se dirige na oração? Terminar a atividade com o canto aprendido no dia)

 Atividades literárias

Livro: "Noite de cão"[1]

Orientações: Mostrar o livro para que as crianças possam internalizar as imagens. Instigá-las a criarem um texto para cada imagem contida no livro. Leitura individual e confecção do próprio livro "Noite de cão".

 Atividades artísticas

Confeccionar o próprio livro "Noite de cão"

Orientações: Cortar uma folha de papel ofício (mais grossa) em quatro partes e distribuí-las. Cada criança reproduzirá em desenho quatro passagens do livro de imagens que mais chamaram a sua atenção. Utilizar lápis de cor ou caneta hidrocor.

Diálogo interativo: Vocês gostaram da história "Noite de cão"? Do que vocês mais gostaram nessa história? Alguém de vocês tem um cachorro em casa? Qual é o nome dele? Quem é que cuida dele? Você brinca com ele? Você gosta dele? Por que será que Deus criou o cachorro?

 Atividades musicais

Música: "Obrigado, meu Senhor!"[2]

Orientações: Pedir às crianças que se sentem em círculo, para escutar a música e cantar juntas.

---

[1] LIMA, Graça. *Noite de cão*. São Paulo: Paulinas, 1997; ou GUERNELLI, Nelly Aparecida Nucci. *O atraso*. São Paulo: Paulinas, 2007.

[2] GRUPO MUSICAL IR. TECLA MERLO. *Vamos animar e celebrar*. São Paulo: Paulinas/COMEP, 2006. CD. Faixa: 10.

Diálogo interativo: Tem alguém na sua casa que reza? Vocês conhecem a oração que essa pessoa reza? Quem sabe rezar? Quem ensinou vocês a rezar? O que vocês sabem rezar? Vocês gostam de rezar?

Momento celebrativo

Colocar no centro da roda um banquinho, cobri-lo com um pano colorido, bonito, e deixar a Bíblia aberta sobre ele; ao lado, acender uma vela, simbolizando o tema da luz, trabalhado no dia.

Pedir que as crianças digam uma palavra de agradecimento a Deus pela luz da vela, do sol, da eletricidade, e pelas pessoas que moram na rua e, às vezes, só têm a luz da lua. A lua cheia ilumina o escuro da noite!

 Canto: Finalizar com o canto inicial.

Segundo encontro: Deus separou as águas de cima das águas de baixo

Educador ou Educadora: Hoje vamos falar sobre a água que Deus fez. Vocês já conhecem a água, não é mesmo? Onde se encontra a água? (Pausa) Quem vive na água? (Pausa) Para que serve a água? A água é um grande presente de Deus para nós e todo o universo.

Sensibilização

 Canto: No dia dois, / segundo dia, vamos ver / o que Deus fez:

Separou / em duas águas; lá em cima / e lá embaixo!

Orientações: Cantar usando as melodias de "Ciranda, Cirandinha", ou "Terezinha de Jesus", ou "O Cravo e a Rosa", ou ainda de "Peixe Vivo" (nesta melodia do "Peixe Vivo", repetir duas vezes o refrão). Cantar com as crianças a canção indicada, com expressão corporal.

Texto bíblico: Gn 1,6-8

Vocês já conhecem a Bíblia. Ouviram no encontro passado o que Deus criou no primeiro dia. O que foi mesmo? (Pausa) O dia e a noite, a manhã e a tarde, o claro e o escuro, a luz e as trevas. No segundo dia o que ele criou mesmo? Vamos ouvir?

"Deus abriu a boca e disse bem alto: 'FIRMAMENTO!'. E o firmamento apareceu. Passou um dia e passou uma noite: foi o *segundo dia*."

Vocês sabem que nome Deus deu ao firmamento? CÉU! (Sair ao ar livre e olhar para o alto. Dialogar com as crianças sobre o que elas veem no céu e ao falarem da nuvem perguntar-lhes:) **De onde vem a chuva? Das nuvens. Onde** mais encontramos ÁGUA debaixo do céu? (Pausa) Nos mares, rios, lagoas e fontes.

Espaço para criar

Dialogar com as crianças sobre a água, mostrar sua importância para a vida das pessoas, das plantas, dos animais. Sem água não podemos viver. Deus nos dá a água, ela é um presente para ser bem usado. Se possível, trazer um aquário com um peixe; mostrar por meio dele a importância da água. Perguntar às crianças se elas sabem fazer um peixe? Então, dizer que vão aprender a fazê-lo.

 Atividades lúdicas

Peixes em origami

Materiais: Papel color set no tamanho de 20 x 20 cm; caneta.

Orientações: Há várias maneiras de fazer o peixe em origami. Uma sugestão que oferecemos é unir duas pontas do papel, no formato quadrado, para formar um triângulo. Frisar bem a parte dobrada. Abrir novamente o papel e trazer duas pontas laterais até formar o corpo, as barbatanas e o rabo do peixe. Com a caneta, desenhar o olho e a boca do peixe. Em caso de dúvida, busque outras sugestões na Internet.

Diálogo interativo: O peixe que fizemos é parecido com o peixe do aquário? Por que não é igual? Existe o peixe de aquário e o que serve para comer. Deus deu as coisas que ele criou para que o ser humano pudesse se alimentar. Alguém de vocês já comeu peixe? Vocês gostaram? Por que é preciso ter cuidado ao comer peixes?

Baleias em papel micro-ondulado

Materiais: Folha A4 na cor branca (sulfite ou ofício); papel micro-ondulado de cores variadas (ou, se preferir, pode-se trabalhar com o emborrachado E.V.A.); cola branca; cola para artesanato (cola de contato para E.V.A.); tesoura; canetas hidrocores.

Orientações: Pedir às crianças que desenhem uma baleia. A Educadora ou Educador recorta no papel micro-ondulado (ou no emborrachado E.V.A) o desenho feito pela criança (como um gabarito – modelo). Deixe que cada criança expresse o desenho à maneira dela. Se desenhar uma bola e disser que é uma baleia, não direcione o recorte. Devolver à criança o recorte do seu desenho, no papel micro-ondulado (ou no emborrachado E.V.A.) para ser colado à folha A4 branca (sulfite ou ofício).

Diálogo interativo: Vocês conhecem baleias? Alguém quer falar sobre o que conhece da baleia? Onde vocês viram uma baleia? Ela é um animal pequeno ou grande? Onde ela vive? Por que Deus criou a baleia?

Polvo

Materiais: Uma bola de isopor de 56 mm (pode ser substituída por uma bola de papel ou jornal amassado de 5 a 6 cm de diâmetro); um pedaço de plástico bolha 30 x 30 cm; tesoura; fita adesiva transparente.

Orientações: Centralizar a bola de isopor (ou bola de papel ou jornal amassado) no plástico bolha e prendê-la firmemente com a fita adesiva (as bolhas do plástico estarão do lado de fora). A Educadora ou Educador, com auxílio de uma tesoura, recorta oito tiras do plástico bolha que sobrou do lado de fora da bola (atenção ao recorte, pois as tiras continuarão anexadas à bola; caso alguma tira se solte, utilize a fita adesiva). Enrole cada tira, formando os tentáculos do polvo, e feche as pontas com fita adesiva. O polvo possui seis tentáculos que funcionam como braços e dois tentáculos que funcionam como pernas.

Diálogo interativo: Vocês já conheciam o polvo? Com que outro animal ele se parece? Onde ele vive? Por que será que Deus criou o polvo?

Ondas artificiais

Materiais: Um tecido azul grande; música instrumental: "Acalanto",[1] ou outra à escolha.

Orientação: Algumas crianças seguram as pontas do tecido e fazem o movimento de abaixar e levantar, imitando as ondas, ao som de uma música suave.

Diálogo interativo: Vocês gostaram de ver as ondas que fizemos? As ondas que fizemos são parecidas com as do mar, ou alguém não conhece o mar? Quem já entrou no mar e tomou banho de mar?

 Atividades literárias

Livro: "O menino que via com as mãos"[2] ou "O que eu quero"[3]

Orientações: Os dois livros trabalham com o tema da água e da terra. O livro escolhido pode ser trabalhado na forma de contação de histórias ou lido de forma dinâmica com expressão corporal.

Diálogo interativo: O menino que via com as mãos era cego? Vocês já conheceram um menino ou menina nessa condição? Sabem que eles leem com os dedos das mãos? Já viram um livro infantil escrito em *braille*? São pontinhos salientes...

---

[1] VV.AA. *Cuida de mim! Coletânea.* São Paulo: Paulinas, 2014. CD. Faixa: 07.
[2] AZEVEDO, Alexandre. *O menino que via com as mãos.* 3. ed. São Paulo: Paulinas, 2004.
[3] BELINKY, Tatiana. *O que eu quero.* 8. ed. São Paulo: Paulinas, 2006.

 **Atividades artísticas**

Vasos de argila ou massa de sal[4]

Orientações: Modelar vasinhos com argila ou massinha de sal. Depois de secos, pintá-los com tinta guache ou acrílica e enfeitá-los com flores de massinha ou de papel crepom, feitas pelas crianças.

Diálogo interativo: O que é colocado num vaso? Vocês gostaram de fazer o vaso? Para que serve este vaso? Que tipo de vaso vocês têm em casa?

 **Atividades musicais**

Música: "A chuvinha"[5] ou "Pingo, pingo"[6]

Orientação: Cantar com as crianças a canção indicada, com expressão corporal.

Diálogo interativo: Vocês já brincaram na chuva? Já observaram as gotinhas caírem? Vocês gostam de chuva? Alguém não gosta?

Momento celebrativo

Colocar no centro do círculo um banquinho, cobri-lo com um pano colorido e sobre ele depositar a Bíblia aberta, em destaque; ao lado, colocar uma bacia com água ou, se possível, um pequeno aquário com peixe. Pedir que as crianças olhem durante um minuto o peixe nadando. Daí o Educador ou a Educadora da fé deve motivá-las a falarem com Deus: agradecer pelo presente da água

---

[4] Receita da massa de sal: duas xícaras de farinha de trigo, meia xícara de sal, uma colher de óleo e meia xícara de água. Misturar tudo.

[5] SANTANA, Celina. *Canção na pré-escola – Amarelinha 1*. São Paulo: Paulinas/COMEP, 1998. CD. Faixa: 07.

[6] Ibid. Faixa: 24.

que sacia a nossa sede, que nos lava, que cozinha nossos alimentos, que conserva a vida dos peixes e de tudo que existe.

 Canto: Finalizar com o canto inicial.

Terceiro encontro:
Deus fez árvores, flores e frutos

Educador ou Educadora: Hoje vamos falar de árvores, flores e frutos. Alguém de vocês conhece o nome de uma árvore? (Pausa) Vocês conhecem árvores que dão flores? Sabem o nome delas? (Pausa) Vocês sabem o nome de plantas menores que dão flores? (Pausa) De qual fruta vocês mais gostam? (Pausa) Vocês sabem quem fez as árvores, as flores e as frutas? (Pausa) Quem criou tudo e nos deu de presente? (Pausa) Vamos homenagear esse Deus que criou tudo isso para nós?

Sensibilização

🎵 *Canto:* No dia três, / terceiro dia, vamos ver / o que Deus fez: *Plantou flores / muitas frutas; muito verde, / muitas plantas!*

Orientações: Cantar usando a melodia de "Ciranda, Cirandinha", ou "Terezinha de Jesus", ou "O Cravo e a Rosa", ou ainda "Peixe Vivo" (na melodia "Peixe Vivo", repetir duas vezes o refrão). Cantar com as crianças a canção indicada, com expressão corporal.

Texto bíblico: Gn 1,9-13

A Bíblia nos fala que Deus fez verduras e árvores, flores e frutos. Vamos ouvir o que Deus fez?

"Deus novamente falou bem alto: 'MARES E TERRA'. E a água se juntou nos rios, nos mares, nas lagoas e nas fontes. E a terra ficou firme. Deus gostou do que fez. Depois disse para a terra: 'Produza muitas VERDURAS e ÁRVORES, FLORES e FRUTOS'. E a terra se encheu de verduras, ervas, árvores com flores e frutos de toda espécie. Deus ficou contente com tudo o que fez. E tudo era muito bom. E houve um dia e uma noite: foi o *terceiro dia*."

Espaço para criar

Dialogar com as crianças sobre as plantas e flores que elas têm em casa, no prédio onde moram, e sobre as diferentes plantas que também produzem sementes, flores e frutos. Perguntar às crianças de quais frutas elas gostam. E qual a textura, sabor, cor e odor delas.

Lembrar que Deus fez cada planta e fruta diferentemente. Levar amostras de grãos, frutos, legumes, sais minerais e relacionar com a alimentação e a saúde. Oportunizar à criança falar do que ela gosta de comer, saborear... Deus é muito bom na variedade que ele nos oferece.

 Atividades lúdicas

Árvore ecológica

Materiais: Rolinho interno do papel higiênico; tinta guache verde e marrom; papel crepom verde; cola branca; pincel; uma folha de jornal; forminhas de papel de brigadeiro ou lantejoulas.

Orientações: Convidar as crianças a ajudar a fazerem uma árvore. Pintar de marrom o rolinho do papel higiênico, deixar secar; amassar a folha de jornal e formar uma bola, cobri-la com papel crepom, para formar uma copa de árvore, deixando uma base para encaixar dentro do rolinho do papel higiênico; decorar a copa com lantejoulas ou com as forminhas.

Diálogo interativo: Vocês gostaram de fazer a árvore? Alguém conhece uma árvore parecida com esta? Esta árvore é de enfeite ou de flores ou frutas? Quem tem uma árvore no quintal de casa ou do prédio onde mora? Você sabe o nome dela? Por que Deus criou as árvores?

Árvore de galhos secos

Materiais: Garrafa pet; argila (ou terra, ou a própria massinha de sal[1]); pequenos galhos secos de árvore; cola branca; folhas variadas de árvores; pequenas flores secas ou confeccionadas com papel crepom.

Orientações: Cortar a garrafa pet formando um vaso. Encher o vaso com argila (ou terra, ou a própria massinha de sal). Espetar os galhos de árvore na argila, dentro da garrafa pet, formando uma pequena árvore. Enfeitar a árvore com folhas, flores secas (ou confeccionadas com papel crepom), colando-as com cola.

Diálogo interativo: Como ficou a nossa árvore? O que deu vida a nossa árvore? Por que esta árvore secou? Quando se arranca uma árvore? O que precisa ser feito para cortar uma árvore? Para que serve uma árvore seca? Há possibilidade de recuperar uma árvore?

Germinação decorada

Materiais: Três pratinhos descartáveis; guardanapos de papel, ou algodão, ou papel toalha; fôrmas vazadas de biscoito, com formato de estrela, lua, coração. Porções de alpiste e água para regar.

Orientações: Pegar os pratinhos e forrá-los com 10 guardanapos (ou algodão, ou papel toalha). Sobre os pratinhos com os guardanapos, colocar a fôrma com formato de estrela, lua, coração (ou outras figuras). Regar com uma colher de água as laterais dos guardanapos. Acrescentar um pouco de alpiste dentro da fôrma sobre o guardanapo. Colocar os pratinhos onde há claridade solar. Regar os três pratinhos durante uma semana, colocando água apenas no guardanapo, não no alpiste. Resultado: ao germinar e crescer, o alpiste adquire o formato da fôrma escolhida.

---

[1] Veja receita na nota 6 deste capítulo.

Diálogo interativo: O que foi preciso para que o alpiste crescesse? E que forma ele tomou? O alpiste não é estrela, nem lua, nem coração, nem uma semente de alpiste. Uma semente de alpiste não forma uma estrela, um coração, uma lua, e sim muitas sementes juntas. O que essa atividade ensina para nós?

 Atividades literárias

Livro: "O reino das borboletas brancas",[2] ou outro à escolha

Orientações: Ler o livro de forma dinâmica ou utilizar as técnicas de contação de histórias.

Diálogo interativo: Vocês gostaram da história? Sobre o que ela fala? O que fez com que uma das borboletas mudasse de cor? Por que as flores estavam tristes? De que as borboletas se alimentam? Qual é a importância delas?

 Atividades artísticas

Pintura: Monotipia

Orientações: Trabalhar o desenho da história com a técnica da monotipia.[3] Entregar uma folha A4 branca (sulfite ou ofício) e pedir que as crianças desenhem flores e borboletas, pintando com tinta guache. Antes que a tinta seque, colocar outra folha branca sobre a pintura. Pressionar a mão sobre a segunda folha. Separar as folhas e deixá-las secar.

Diálogo interativo: (Exibir num mural, ou num varal, todos os desenhos) Cada um de vocês pode recontar a história "O reino das borboletas brancas", por meio do seu desenho?

---

[2] PEREIRA, Marli Assunção Gomes. *O reino das borboletas brancas*. São Paulo: Paulinas, 2001.

[3] Monotipia: *mono* = um; *tipia* = cópia; é a técnica de reproduzir uma cópia, imediatamente, antes da secagem da tinta.

 Atividades musicais

Música: "Vamos plantar uma árvore"[4]

Orientações: Cantar com as crianças uma das canções indicadas, com expressão corporal.

Diálogo interativo: Quais convites a música nos faz? O que ela nos recomenda? Quais benefícios a árvore nos traz? A música cita alguns elementos da natureza. Quais?

Momento celebrativo

Formar um círculo com as crianças, deixando o meio vazio. Colocar aí um banquinho coberto com um pano bonito, grande e colorido, e a Bíblia aberta sobre ele; ao lado dela colocar um mamão maduro e, numa vasilha junto dele, um mamão cortado em pedacinhos. Cada um vai provar um pedaço dele.

Dialogar com as crianças sobre o sabor, o cheiro e o seu valor nutritivo. Agradecer a Deus pelas plantas: árvores, flores, frutas que ele nos dá.

Cantar: "O Mamoeiro",[5] com expressão corporal.

Convidar as crianças a repetir: "Obrigado(a), Senhor!", a cada invocação, e acrescentar outras preces espontâneas.

"Pelas árvores que nos fazem sombra... Obrigado(a), Papai do céu!"

"Pelas verduras que nos alimentam... Obrigado(a), Papai do céu!"

---

[4] SANTANA, Celina. *Palavras mágicas.* São Paulo: Paulinas/COMEP, 2001. CD. Faixa: 8.
[5] Id. *Canção na pré-escola, Amarelinha 1,* cit. Faixa 18.

"Pelas frutas que nos dão as vitaminas necessárias... Obrigado(a), Papai do Céu!"

 Canto: Finalizar com o canto inicial.

Quarto encontro:
Deus fez os luzeiros e as estações

Educador ou Educadora: Neste quarto dia, Deus criou o sol, a lua, as estrelas e os astros. Que maravilhoso é este Deus! Só ele para fazer tudo isso tão bonito e perfeito. Onde fica o sol, a lua, as estrelas? (Pausa) No firmamento. Vocês já conseguiram olhar para o sol? Conhecem a lua? Ela tem tamanhos diferentes, não tem? A cada sete dias ela muda de tamanho, formando as semanas, os meses e as estações. Vamos saudar o nosso Deus por aquilo que ele fez para nós no quarto dia?

Sensibilização

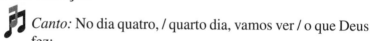 *Canto:* No dia quatro, / quarto dia, vamos ver / o que Deus fez:

> *Pendurou / o sol e a lua: / um é quente, / o outro é frio!*

Orientações: Cantar segundo a melodia de "Ciranda, Cirandinha", ou "Terezinha de Jesus", ou "O Cravo e a Rosa", ou ainda "Peixe Vivo" (na melodia do "Peixe Vivo", repetir duas vezes o refrão). Cantar com as crianças a canção indicada, com expressão corporal.

Texto bíblico: Gn 1,14-19

Vamos ouvir o que a Bíblia nos conta sobre os luzeiros?

"Deus falou bem alto: 'LUZEIROS!'. E os luzeiros apareceram no céu. Um grande luzeiro para iluminar o dia (SOL) e um luzeiro menor para a noite (LUA). Os luzeiros existem para marcar as ESTAÇÕES do ano e as festas. Deus viu que o sol, a lua, as ESTRELAS e todos os astros eram muito lindos. Deus gostou do que fez. Houve um dia e uma noite: era o *quarto dia*."

Espaço para criar

Dialogar com as crianças sobre a importância do sol, necessário para restabelecer em nosso corpo as vitaminas A e D, que fortalecem os nossos ossos. O sol que produz o calor necessário para crescermos com saúde. E também sobre o cuidado com o fogo, as luzes da casa, o calor do sol. O sol e a lua são os que marcam o dia, as semanas, as estações, o ano, o calor e o frio.

 Atividades lúdicas

Confecção de um livro sobre as estações do ano

Materiais: Folha A4; lápis de cor; hidrocor; papel color set colorido; furador; tesoura; cola; barbante.

Orientações: Cortar a folha A4 em quatro partes. Pedir que as crianças desenhem em cada pedaço de papel uma estação do ano (primavera, verão, outono e inverno) e colorir com o lápis de cor e/ou hidrocor. Juntar as quatro partes para formar o livro, acrescentando a capa de papel color set. Furar o livro e colocar na capa o título: "As Estações" e o nome da autora ou do autor. Identificar em cada desenho a estação do ano que desenhou e, no verso de cada folha, colocar o nome da estação desenhada. Amarrar a capa e os desenhos das quatro estações.

Diálogo interativo: O que desenhou em cada estação? O que você pensou enquanto desenhava cada estação? Você gostou do seu desenho? De qual estação gosta mais? Por que será que Deus criou as estações?

Atividades literárias

Livro: "A aposta" [1] ou "O atraso"[2]

Orientações: Ler o livro de forma dinâmica ou utilizar as técnicas de contação de histórias.

Diálogo interativo: Quem já fez alguma aposta? Qual foi? Você ganhou ou perdeu? No livro que lemos, quem faz a aposta? Qual você considera mais forte?

 Atividades artísticas

Massinha de sal

Materiais: Massinha de sal; fôrmas com formato de sol, lua, estrelas, bichos.

Orientações: Com a massinha de sal[3] (ou massa de modelar) pedir que cada criança modele e corte com as fôrmas no formato de sol e lua.

Diálogo interativo: O que vocês sabem do sol? (Pausa) Para que serve o sol? E o que vocês sabem da lua? (Pausa) Ela é importante para nós? Quem os criou? O que Deus disse ao criá-los?

 Atividades musicais

Música: "O planetinha"[4]

Orientações: Cantar, utilizando expressão corporal.

---

[1] BELINKY, Tatiana. *A aposta.* 8. ed. São Paulo: Paulinas, 1994.

[2] GUERNELLI, Nelly Aparecida Nucci. *O atraso.* São Paulo: Paulinas, 2007.

[3] Veja a receita na nota 6 deste capítulo.

[4] OLIVEIRA, José Fernandes (Pe. Zezinho, scj). *Criancices.* São Paulo: Paulinas/COMEP, 2002. CD. Faixa: 04.

Diálogo interativo: O que o canto "O planetinha" ensinou para nós?

Momento celebrativo

Pedir que as crianças formem um círculo e coloquem no centro um banquinho, cobrindo-o com um pano bonito, grande, colorido. Sobre ele colocar a Bíblia aberta e, ao seu redor, o caderno das estações que foi preparado pelas crianças.

Convidá-las a olhar os desenhos que fizeram e agradecer a Deus, porque ele nos deu o sol, a lua, as estrelas e as estações do ano.

Propor às crianças um momento de oração espontânea sobre os trabalhos que cada um e cada uma fez. Quem quiser pode falar com Deus. E todos juntos repetir, depois da oração de cada colega: "Obrigado(a), Senhor!".

 Canto: Finalizar com o canto inicial.

Quinto encontro:
Deus fez os animais pequenos e grandes

Educador ou Educadora: Deus não para, ele continua fazendo maravilhas. Hoje vamos ver o que ele criou no quinto dia. Como se chamam os animais que vivem na água? (Pausa) E as aves que ficam voando nos ares? (Pausa) Vocês conhecem o nome de alguma ave? (Pausa) E quem de vocês tem em casa um animal? (Pausa) Vocês brincam com eles? (Pausa) São estes os animais que Deus criou com muito carinho para nós. Vamos lembrar pelo canto o que Deus fez.

Sensibilização

 Canto: No dia cinco, / quinto dia, vamos ver, / o que Deus fez:

Criou / os peixes e as aves; animais: grandes, / pequenos.

Orientações: Cantar usando a melodia de "Ciranda, cirandinha", ou "Terezinha de Jesus", ou "O cravo e a rosa", ou ainda "Peixe vivo" (na melodia do "Peixe vivo", repetir duas vezes o refrão). Cantar com as crianças a canção indicada, com expressão corporal.

Texto bíblico: Gn 1,20-23

Vocês querem ouvir o reconto da Bíblia sobre a criação dos animais pequenos e grandes?

"Deus disse bem alto: 'Nasçam muitos PEIXES nos mares e voem muitas AVES acima da terra'. Os mares e rios se encheram de peixes grandes de todas as cores e formas. Era muito lindo. A terra encheu-se de animais e o firmamento do céu se cobriu de aves, passarinhos de todos os tamanhos e muitas cores. Era um espetáculo. Deus abençoou-os e disse para eles se multiplicarem.

Deus viu que tudo era muito bom. Houve um dia e uma noite: foi o *quinto dia*."

Espaço para criar

Dialogar com as crianças sobre os animais que elas conhecem, do menor ao maior. Perguntar se alguma delas tem um animal em casa, quem cuida dele, o que lhe dá para comer e se gosta dele.

Lembrar que foi Deus quem criou os cachorros, gatos e passarinhos, e convidá-las para produzir um bichinho.

 Atividades lúdicas

Animais pequenos

Materiais: Caixa de leite ou de suco pequena e/ou grande (previamente higienizada); papel color set colorido; cola; tesoura; barbante; caneta hidrocor; E.V.A.; tinta guache (cores variadas); pincel ou buchinha de espuma; barbante ou piaçava; rolinho interno do papel higiênico (ou do papel toalha).

Orientações: Fazer o desenho ou gabarito do animal a ser trabalhado (por exemplo: gato, cachorro, coelho, sapo). Para fazer um coelho, por exemplo, forre uma caixa de leite (ou de suco) com papel branco ou pinte-a de branco. Cortar no papel color set ou no emborrachado E.V.A. as orelhas, o focinho, os olhos e as barbichas, colando-as na frente da caixa. Para fazer as patas do coelho, utilize o rolinho do papel higiênico (ou do papel toalha), cortando em partes iguais e colando-as na caixa.

Diálogo interativo: Vocês conhecem um coelho? O que sabem sobre ele? O que ele come? Quando se come coelho de chocolate e ovo de chocolate? Vocês sabem por que ele é símbolo da Páscoa cristã?

Passarinho (5 anos)

Materiais: Papel cartão amarelo e laranja; retalhos de papel branco e preto; tesoura; cola quente para o(a) Educador(a) da fé manusear; papel crepom amarelo; um rolinho interno do papel higiênico.

Orientações: Riscar a máscara no papel cartão amarelo, com o auxílio do gabarito criado à vontade. Riscar o bico no papel cartão laranja. Riscar os olhos nos retalhos de papel branco e preto. Recortar tudo o que foi riscado e colar com a cola quente, nas partes referentes à máscara. Para formar as asas, cortar o rolinho do papel higiênico ao meio e abri-lo. Cortar 10 cm do papel crepom dobrado, como vem da fábrica. Fazer bicos no papel dobrado, abrir e dobrar três carreiras desse papel crepom no rolinho do papel higiênico. Prendê-lo nos pulsos de cada criança.

Diálogo interativo: O passarinho que montamos, ele voa? Vai voar um dia? O que é preciso para que o passarinho voe? Vocês conhecem o nome de algum passarinho? O que diriam a quem tem passarinho preso na gaiola?

Tartaruga

Materiais: Bandeja descartável de maçãs; tesoura; cola; tinta guache na cor verde; pincel ou buchinha; papel color set verde; lantejoulas verdes (opcional).

Orientações: Recortar a bandeja, utilizando apenas a bolinha onde é colocada a maçã. Pintar a embalagem de verde. Recortar a cabecinha, patinhas e o rabinho da tartaruga para adaptá-los no corpo já pintado. (Se preferir, toda a tartaruga poderá ser modelada em massinha.)

Diálogo interativo: Vocês gostaram de fazer uma tartaruga? O que conhecem sobre ela? O que ela come? Onde ela vive? Quem tem tartaruga em casa? O que ela nos ensina?

Joaninha

Materiais: Bandejas descartáveis de maçãs; tesoura; cola; caneta hidrocor preta; tinta guache na cor vermelha; pincel ou buchinha. A *descoberta da joaninha*; *Uma joaninha diferente*.

Orientações: Recortar as embalagens de maçã, aproveitando apenas a parte redonda (dois círculos para cada joaninha). Num dos círculos cortar um pequeno triângulo até o meio. Pintar os dois círculos de vermelho com tinta guache. Depois de seco, colar o círculo com abertura em forma de triângulo sobre o círculo inteiro. Contornar com caneta hidrocor preta e pintar pequenas bolinhas pretas em toda a joaninha, além de desenhar os olhos e a boca.

Diálogo interativo: Quem já viu uma joaninha? Vocês conhecem a história da joaninha? O que esta história da joaninha nos ensina?

Mandalas (6 anos)[1]

Materiais: Papel cartão duplo na cor branca; tinta guache ou acrílica, de várias cores; pincel; cola; tesoura; gabarito em forma de círculo (papelão ou papel cartão); papel colorido color set (opcional); contas, para crianças a partir de 6 anos.

Orientações: Cortar no papel cartão duplo um quadrado (15 x 15 cm ou outra medida). No quadrado, desenhar um círculo (utilize o gabarito em forma de círculo). Este quadrado com um

---

[1] Mandala, em sânscrito, significa "círculo". Ela favorece o exercício de uma imagem organizada ao redor de um ponto central chamado Bindu. É apropriada para adultos e para crianças. Ajuda a evitar a dispersão. A utilização do "desenho centralizado" permite ao participante e ao orientador adquirir habilidades e condições de tranquilidade e atenção, para abordar o esforço cerebral. Nada melhor do que trabalhar com mandalas para acalmar, centrar e unificar. Nelas encontramos técnicas como: relaxamento dinâmico, exercícios de concentração etc.

círculo será uma mandala representando a água e os peixes. Pedir que as crianças desenhem peixes dentro do círculo, de preferência, acompanhando o contorno do círculo. Os peixes podem ser pintados com tinta guache ou acrílica. Opções: podem ser utilizados alguns recortes de papel colorido formando os peixes, ou realizar dobraduras, e ainda preencher os peixes desenhados com as contas.

Diálogo interativo: Gostou do seu desenho? Como se chama este desenho que pintou? Onde já viu uma mandala?

 Atividades literárias

Livro: "O seu lugar"[2]

Orientações: Ler a história utilizando os recursos de entonação, ritmo e movimento, ou o recurso de contação de histórias.

Diálogo interativo: Cada animal que Deus criou ocupa o seu lugar. Tem o seu jeito de ser, de viver, de amar. Como lidamos com os animais? Vocês podem dar exemplos de animais pequenos e grandes que Deus criou. Nós respeitamos o seu modo de vida?

 Atividades artísticas

Baralho literário

Materiais: Papel cartão branco; tesoura; cola; tinta guache (várias cores); copos de café (ou de iogurte) para colocar um pouco da tinta guache; gravuras de animais; filme de PVC transparente.

Orientações: Mostrar para as crianças as gravuras de cada animal a ser trabalhado, conforme indicado no livro "O seu lugar". Cada criança receberá dezesseis cartelas de papel cartão, no tamanho de 10 x 15 cm (ou outra medida). Pedir que reproduzam (desenhem) cada animal do livro nas cartelas, pintando-as com

---

[2] DUGNANI, Patrício. *O seu lugar*. São Paulo: Paulinas, 2005.

os dedos (técnica: pintando com as digitais). Depois de secar, plastificar cada cartela. Peça que as crianças brinquem, jogando o baralho literário e que, a cada carta tirada, contem sobre o animal, sua alimentação, seu *habitat*.

Diálogo interativo: Quem já viu de perto esses animais? Onde os conheceu? Qual deles só conhece através de figuras? De qual desses animais gostaram mais? O que Deus disse ao criar os animais, no texto bíblico de hoje?

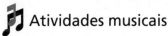 Atividades musicais

Música: "A tartaruguinha"³ ou "Somos passarinhos"⁴

Orientações: Cantar com as crianças as canções indicadas, com expressão corporal.

Diálogo interativo: O que esse canto falou sobre a tartaruguinha? O que ela nos ensina de bom?

Momento celebrativo

Formar um grande círculo. Enquanto as crianças se ajeitam sentadas no chão, o Educador ou Educadora da fé coloca no centro um banquinho, cobrindo-o com um pano colorido, bonito, e a Bíblia aberta sobre ele; ao seu redor, os trabalhos das crianças e um aquário com um peixinho ornamental. Convidar as crianças a cantarem uma das músicas, fazendo gestos: "O passarinho e o peixinho!"⁵ ou "Historinha que deu certo".⁶

Motivar as crianças, a partir dos trabalhos e do peixinho, a agradecer a Deus. Dar espaço para que falem com Deus.

---

[3] SANTANA, Celina. *A canção na pré-escola – Amarelinha 1*, cit. Faixa: 19.
[4] Ibid. Faixa: 21.
[5] Ibid. Faixa: 17.
[6] OLIVEIRA, José Fernandes (Pe. Zezinho, scj). *Criancices*, cit. Faixa: 22.

"Pelos peixes de todas as cores e tamanhos... Obrigado(a), Deus!"

"Pelas aves que embelezam a natureza com o seu canto... Obrigado(a), Deus!"

Pelos animaizinhos que vivem em nossas casas e na natureza... Obrigado(a), Deus!"

 Canto: Finalizar com o canto inicial.

Sexto encontro:
Deus fez o homem e a mulher

Educador ou Educadora: Hoje é um dia especial! Deus começou a criar os animais que vivem em nossas casas, os animais bem pequenos como a formiga, o mosquitinho, o sapinho. Deus viu que faltava o leão, o tigre, e ele os criou. Mas depois ele pensou: "Quem vai cuidar de tudo isso? O homem e a mulher". Então Deus ficou feliz com a ideia luminosa que teve e criou o homem e a mulher, o vovô, a vovó, a mamãe e o papai. Criou você! Que maravilha! Vamos nos olhar no espelho e dar um bonito sorriso para agradecer a Deus? E muito felizes vamos cantar a música.

Sensibilização

Canto: No dia seis, / o sexto dia, vamos ver / o que Deus fez:

Fez menino / e menina; e pediu / cuidar de tudo!

Orientações: Cantar usando a melodia de "Ciranda, cirandinha", ou "Terezinha de Jesus", ou "O cravo e a rosa", ou ainda "Peixe vivo" (na melodia do "Peixe vivo", repetir duas vezes o refrão). Cantar com as crianças a canção indicada, com expressão corporal.

Texto bíblico: Gn 1,24-31

Depois de ter criado animais de todas as espécies, adivinhe o que Deus criou no sexto dia para depois descansar no sétimo?

"Deus falou com voz solene: 'HOMEM E MULHER!'. Papai e mamãe, ele os criou. Deus ficou muito feliz e lhes deu uma bênção, dizendo: 'Crescei e multiplicai-vos! Enchei a terra. Cuidai dos peixes do mar, dos passarinhos e de todos os animais que vivem sobre a terra'. Deus pediu que se alimentassem das verduras, sementes e frutos. O homem e a mulher obedeceram a Deus e cuidaram de si mesmos, dos animais e de todas as plantas. Deus viu que tudo era muito bom. Deus ficou muito feliz. Houve uma tarde e uma manhã: *sexto dia*."

Espaço para criar

Levar as crianças a admirarem o próprio corpo, como obra de Deus. Dialogar com elas sobre Deus, que nos fez menino e menina. Perguntar quem deles tem um irmãozinho(a). Se gosta dele(dela), e o que gostaria de dizer para ele(ela)?

 Atividades lúdicas

Bonecos: homem e mulher

Materiais: Argila ou massa de gesso com cola,[1] ou massa de sal;[2] cola; tinta guache ou acrílica, de várias cores; pincel ou buchinha para pintar.

Orientações: Distribuir uma porção de argila (ou massa de modelar, ou massa de sal) para cada criança. Amassar bem para extrair o ar, a fim de ficar mais fácil a modelagem. Modelar o boneco do homem ou da mulher e deixar secar bem. Depois é só pintar com tinta guache ou acrílica.

Diálogo interativo: Você gostou de fazer um homem ou uma mulher? Quem são? Você gosta deles? Quem foi que criou o homem e a mulher? Meninos e meninas possuem corpo diferente, mas em que são iguais? Quando temos os mesmos direitos?

---

[1] Massa de gesso: vamos precisar de um pacote de gesso rápido, cola branca, uma vasilha, jornal e água. Receita: três xícaras de jornal molhado e exprimido, uma xícara de gesso rápido e uma xícara de cola. Misturar tudo e fazer a modelagem do homem e da mulher. Como a massa é para secagem rápida, deve ser trabalhada com limite de tempo.

[2] Ver receita da massa de sal, na nota n. 6 deste capítulo.

Atividades literárias

Livro: "Olhos para ver o que Deus faz"[3]

Orientações: Ler a história utilizando os recursos de entonação, ritmo e movimento, ou o recurso de contação de história.

Diálogo interativo: Vocês gostaram da história? Sobre o que ela fala? Vocês gostaram daquilo que a história falou de Deus? O que podemos sentir e não ver? Como percebem a Deus? O que Deus fez que os seus olhos gostam de ver?

Atividades artísticas

A família em mosaico

Materiais: Folha A4 na cor branca (papel sulfite ou ofício); lápis; papel color set (várias cores); tesoura; cola.

Orientações: Desenhar apenas o contorno do corpo de cada membro da família. Cortar o papel color set em pequenas tiras de 1 cm, na cor desejada. Recortar cada tira em pequenos quadradinhos, do mesmo tamanho. Colar os quadradinhos dentro do contorno do corpo. Se possível, fazer cada membro da família de uma cor de papel diferente.

Diálogo interativo: Vocês conseguem dizer o nome de cada personagem que desenharam e quem são? Eles moram todos na mesma casa? Com quem gostam mais de brincar? Quem leva vocês à escola? O que Deus disse depois que criou o homem e a mulher?

---

[3] ATHIÉ, Eliane; RONCONI, Ana Cristina. *Olhos para ver o que Deus faz.* 16. ed. São Paulo: Paulinas, 2008.

🎵 Atividades musicais

Música: "Vamos todos levantar"[4]

Orientação: Cantar com as crianças a canção indicada, com expressão corporal.

Diálogo interativo: Vocês gostam do seu corpo? Do que mais gostam em vocês? Quando a gente demonstra respeitar o próprio corpo e o corpo do outro?

Momento celebrativo

Formar com as crianças um círculo ao redor da Bíblia aberta, colocada em destaque. Lembrar que a Bíblia contou histórias muito bonitas sobre aquilo que Deus fez. Perguntar quem se lembra de tudo que Deus criou desde o primeiro dia. Recordar o que foi visto em cada encontro, ressaltando a maravilha da obra de Deus nas cores, nos tamanhos, nas formas, na harmonia do universo.

Música: "Uma família"[5] ou "Obrigado, meu Senhor!"[6]

Oração conclusiva: Vamos agradecer a Deus. Se alguém quiser acrescentar outra prece, pode fazê-lo:

"Pelo homem e a mulher... Obrigado(a), Deus!"

"Pelo vovô e a vovó... Obrigado(a), Deus!"

"Pelo papai e a mamãe... Obrigado(a), Deus!"

"Por mim e pelos meus irmãozinhos... Obrigado(a), Deus!"

"Pelos peixinhos, passarinhos e cachorrinhos... Obrigado(a), Deus!"

 Canto: Finalizar com o canto inicial.

---

[4] GRUPO MUSICAL IR. TECLA MERLO. *Vamos animar e celebrar*, cit. Faixa: 09.
[5] SANTANA, Celina. *A canção na pré-escola – Amarelinha 1*, cit. Faixa: 12.
[6] GRUPO MUSICAL IR. TECLA MERLO. *Vamos animar e celebrar*, cit. Faixa: 10. Está na Faixa 04 do CD Anexo.

Sétimo encontro:
Deus descansou no sétimo dia

Educador ou Educadora: Hoje terminamos os nossos encontros sobre a criação. Vamos ver se vocês se lembram do que Deus fez, quando acabou de criar o homem e a mulher? (Pausa) Ele tirou férias, descansou! Deus fez tudo tão bonito que queria olhar o que fez. E quando ele viu tudo, ficou muito feliz e dançou de alegria com o homem e a mulher que ele criou. Vamos também nos alegrar com Deus, pelo sétimo dia, cantando!

Sensibilização

Canto: No dia sete, / sétimo dia, vamos ver / o que Deus fez:
Concluiu / a sua obra /; abençoou / e descansou!

Orientações: Cantar usando a melodia de "Ciranda, cirandinha", ou "Terezinha de Jesus", ou "O cravo e a rosa", ou ainda "Peixe vivo" (na melodia do "Peixe vivo", repetir duas vezes o refrão). Cantar com as crianças a canção indicada, com expressão corporal.

Texto bíblico: Gn 2,1-4a

"Deus ficou muito feliz por ter criado o céu e a terra. O céu com o sol, a lua, as estrelas e os astros. Também ficou feliz com a terra, a água, o ar, o fogo, as plantas e os animais de todas as espécies que havia criado. Ele gostou demais da mulher e do homem que havia criado. Depois Deus sentou-se, descansou e ficou olhando e contemplando a beleza de tudo o que tinha feito. Ele abençoou e santificou o último dia, o sétimo dia. Deus viu que tudo era muito bonito e benfeito, e se deu um abraço!"

Espaço para criar

No espaço para criar, encontram-se diversas atividades que vão ao encontro do interesse lúdico, literário, artístico e musical, para desenvolver a capacidade de reflexão e fazer uma síntese sobre a experiência vivida no estudo de Gênesis 1.

 Atividades lúdicas

Pintura livre

Materiais: Tela 16 x 20 cm (ou folha A4 de 60g cortada ao meio); cola colorida (ou tinta dimensional de várias cores).

Orientações: Distribuir os tubos de cola (ou tubos de tintas) para cada participante pintar livremente, utilizando as cores desejadas. Deixar os trabalhos secarem por 10 minutos, no mínimo.

Diálogo interativo: Vamos conversar sobre o que cada um de vocês fez? Vocês gostaram? O que fizeram? Por que escolheram esse desenho?

 Atividades literárias

Livro: "Um mundo melhor"[1]

Orientações: Ler ou utilizar os recursos da contação de histórias.

Diálogo interativo: Qual é o título da história que acabamos de ler? O que precisa melhorar neste mundo? O que precisa melhorar em nossa casa? Em que podemos colaborar?

---

[1] DUGNANI, Patrício. *Um mundo melhor*, op. cit.

Atividades artísticas

Boneco vazado (5 anos)

Materiais: Duas folhas A4 na cor branca (ou papel sulfite, ofício) para cada criança; tesoura sem ponta; tinta guache ou acrílica; buchinha de espuma (ou algodão); giz de cera.

Orientações: Pedir às crianças que dobrem uma folha ao meio. Desenhar a metade do corpo humano na dobra desta folha. Recortar o boneco e, ao abrir, obteremos um molde vazado. A folha vazada será colocada sobre a segunda folha. Com o auxílio da buchinha, escolher a tinta de cor preferida e pintar dentro do molde vazado. Ao retirar a folha vazada, obteremos o desenho do boneco. Pedir às crianças que reproduzam os bonecos na folha, conforme o número de pessoas que passaram as últimas férias com ela.

Diálogo interativo: Vocês lembram onde foram nas últimas férias? Quem são as pessoas que desenharam? Vocês gostaram da companhia delas?

Desenhos e revistas

Materiais: Revistas; cola; tesoura sem ponta; papel grande (para colar os desenhos das crianças).

Orientações: A revista com o desenho de animais e pessoas é uma atividade para crianças de três e quatro anos, embora sirva também para as de cinco e seis anos. Mas pode-se pedir a estas últimas que desenhem grama, planta, flores, animais, frutas, rios, o jardim do Éden, cenas ou imagens que representem o descanso, férias etc., e montar com esses desenhos um mural. Acrescentar figuras humanas, homem e mulher...

Diálogo interativo: O que vocês acharam da atividade? Gostaram? Como ficou o nosso painel? Quais as cores que predominaram? Quem nos deu o dom de pintar?

Figuras do Paraíso feitas com massa de modelar

Materiais: Massa de modelar de várias cores ou massa de sal.[2]

Orientações: Escolher algumas cores da massa de modelar (ou massa de sal) e modelar as figuras do Paraíso (natureza, plantas, flores, animais, pessoas, estrela, Planeta Terra). É importante apreciar e aceitar as modelagens que cada um executa.

Diálogo interativo: Qual a figura que escolheram fazer? Por que escolheram essa figura? Vocês gostaram da sua modelagem?

 Atividades musicais

Música: "Deus fez tudo direitinho"[3]

Orientação: Cantar com as crianças uma das canções indicadas, com expressão corporal.

Diálogo interativo: Deus ouviu o nosso canto? Será que ele gostou? O que foi que cantamos para ele?

Momento celebrativo

Formar um grande círculo e colocar no centro um banquinho, cobrindo-o com um pano colorido, bonito, e a Bíblia aberta sobre ele; ao seu redor, espalhar as atividades realizadas no dia: a pintura livre e o desenho do contorno da família. O Educador ou a Educadora começa a falar que Deus, depois de criar tudo o que existe na terra e no céu, o homem e a mulher, sentou-se e ficou olhando

---

[2] Veja receita na nota 6 deste capítulo.

[3] OLIVEIRA, José Fernandes (Pe. Zezinho, scj). *Criancices*, cit. Faixa: 24.

para o céu, viu o sol, as nuvens, os passarinhos voando, olhou para o mar e viu muitos peixes grandes e pequenos, que nadavam de um lado para o outro, muito felizes. Olhou para a terra e viu os animais que brincavam e pulavam de alegria. Viu as pessoas que conversavam e andavam felizes de um lado para o outro. Era uma festa só! Deus ficou cheio de alegria e foi tirar uma soneca.

Por fim, o Educador ou a Educadora oferece às crianças a possibilidade de falar sobre o seu desenho, do que mais gostaram.

Oração: "Deus cuida de mim!".[4] Conclui-se o encontro com um abraço nos colegas e nas colegas. Meninas e meninos digam aos meninos: "Deus fez você bonito". Meninos e meninas digam às meninas: "Deus fez você bonita".

 Canto: Finalizar com o canto inicial.

---

[4] VV.AA. *Cuida de mim! Coletânea*, cit. Faixa: 06.

5.
Confraternização e jogral do nosso estudo bíblico

Educador ou Educadora: No dia da confraternização, sugerimos a exposição do trabalho das crianças desde o primeiro encontro até o último, com a apresentação de um jogral sobre os temas de estudo de Gênesis 1,1–2,4a. Oferecemos duas sugestões: uma com o texto bíblico integral e outra com texto adaptado à criança. Após o jogral, segue a partilha dos "comes e bebes", e pode-se colocar como fundo musical o CD que acompanha este livro: "E Deus viu que tudo era bom!".

Introdução ao jogral

Educador ou Educadora:

Queridas crianças (citar o nome de cada uma).

Queridos pais, responsáveis, familiares, amigas e amigos.

Boas-vindas a todos vocês, pais, responsáveis, familiares, amigos e amigas que nos prestigiam com a sua presença. É a vocês que queremos prestar esta homenagem (do jogral, se o texto for o da primeira opção; ou da contação da história bíblica, se for a segunda opção), porque deram às crianças esta oportunidade e também colaboraram com elas nas atividades que lhes foram pedidas. Crianças, vamos dizer juntos: "Muito obrigado!".

Foi uma grande alegria trabalhar com vocês, crianças, sobre o tema da criação em Gênesis 1. E Deus mesmo, no final de toda a sua obra, descansou "E viu que tudo o que ele tinha criado era muito bom". Vocês estão de parabéns pela participação, pelos trabalhos que cada um e cada uma fez, pela alegre companhia! Vamos agora apresentar o jogral sobre a criação (ou a contação da história bíblica).

Texto I: texto bíblico Gn 1,1–2,4a, literal

♪ **Música:** "*O planetinha*".

Crianças: No princípio, Deus criou o céu e a terra.

Meninas: Nada havia sobre a terra. O escuro cobria o abismo.

Meninos: Um sopro do Espírito movimentava a superfície das águas.

Uma menina e um menino: Deus disse bem alto: "Exista a luz!".

Crianças: E Deus viu que a luz era boa!

Meninas: Deus chamou à luz "dia"!

Meninos: Deus chamou às trevas "noite"!

Educador ou Educadora: Houve uma tarde e uma manhã.

 Canto: No dia um, / primeiro dia, vamos ver / o que Deus fez:

> *Fez o claro / e o escuro; dia e noite / noite e dia!*

Meninas: Deus disse bem alto: "Haja um firmamento no meio das águas!".

Meninos: Que separe as águas de cima das águas de baixo!

Menina: E Deus chamou ao firmamento "céu"!

Educador ou Educadora: Houve uma tarde e uma manhã.

 Canto: No dia dois, / segundo dia, vamos ver / o que Deus fez:

Separou / em duas águas; lá em cima / e lá embaixo!

Meninas: Deus disse: "Que as águas se reúnam nos mares e oceanos".

Meninos: E que apareça o continente, e o chamou "terra"!

Crianças: E Deus viu que isso era bom!

Menina e menino: Deus disse: "Que a terra fique verde de ervas e plantas!".

Meninas: Ervas que deem sementes e árvores cheias de frutos de todas as espécies!

Crianças: E Deus viu que isso era bom!

Educador ou Educadora: Houve uma tarde e uma manhã.

 Canto: No dia três, / terceiro dia, vamos ver / o que Deus fez:

Plantou flores / muitas frutas; muito verde / muitas plantas!

Meninas: Deus disse: "Que existam luzeiros no firmamento do céu!".

Meninos: Para separarem o dia da noite e os luzeiros servirem de sinais!

Meninas: Sirvam de sinais, tanto para as festas quanto para os dias e os anos!

Menino e menina: Deus fez os dois luzeiros maiores.

Meninos: Deus fez o luzeiro maior para iluminar o dia!

Meninas: Deus fez o luzeiro menor para iluminar a noite e as estrelas!

Crianças: E Deus viu que isso era bom!

Educador ou Educadora: E houve uma tarde e uma manhã.

 Canto: No dia quatro, / quarto dia, vamos ver / o que Deus fez:

Pendurou / o sol e a lua; / um é quente, / o outro é frio!

Meninas: Deus disse: "Encham as águas de todos os seres vivos! Grandes e pequenos".

Meninos: "Que as aves voem acima da terra e debaixo do firmamento do céu!".

Menino e menina: Deus criou todos os animais que vivem sobre a terra!

Crianças: E Deus viu que isso era bom!

Meninas: Deus os abençoou e disse: "Sede fecundos! Multiplicai-vos!".

Meninos: "Encham-se as águas dos mares e oceanos, e as aves se multipliquem sobre a terra!".

Educador ou Educadora: Houve uma tarde e uma manhã.

 Canto: No dia cinco, / quinto dia, vamos ver / o que Deus fez:

Criou / os peixes e as aves; animais: grandes, / pequenos.

Meninas: Deus disse: "Que a terra produza seres vivos segundo a sua espécie!".

Meninos: Deus criou animais domésticos, répteis e feras segundo a sua espécie!

Meninas: Deus criou os animais selvagens, segundo a sua espécie!

Crianças: E Deus viu que isso era bom!

Menina e menino: Deus disse: "Façamos o homem à nossa imagem e à nossa semelhança! Que ele domine sobre os peixes, as aves, os répteis e feras!".

Crianças: Deus criou o homem à sua imagem, à imagem de Deus ele o criou, homem e mulher ele os criou!

Meninas: Deus os abençoou e lhes disse: "Sede fecundos! Multiplicai-vos! Enchei a terra e submetei-a!".

Meninos: Deus disse: "Eu vos dou todas as árvores que dão sementes, frutas: isso será vosso alimento!".

Meninas: Deus disse: "Eu dou todas as feras, todas as aves, tudo o que rasteja sobre a terra!".

Meninos: Deus disse: "Eu dou como alimento toda a verdura das plantas", e assim se fez.

Crianças: Deus viu tudo que tinha feito: e era muito bom!

Educador ou Educadora: Houve uma tarde e uma manhã.

🎵 **Canto:** No dia seis, / sexto dia, vamos ver / o que Deus fez:

Fez menino / e menina; e pediu / cuidar de tudo!

Meninas: Assim foram concluídos o céu e a terra, com tudo o que há neles!

Meninos: Deus concluiu no sétimo dia a obra que fizera.

Crianças: No sétimo dia descansou!

Menino e menina: Deus abençoou o sétimo dia e o santificou!

Crianças: No sétimo dia descansou, depois de toda a obra da criação!

 Canto: No dia sete, / sétimo dia, vamos ver / o que Deus fez:

> *Concluiu / a sua obra /; abençoou / e descansou!*

Educador ou Educadora: Essa é a história do céu e da terra, quando foram criados.

Texto II: Gn 1,1–2,4a, adaptado às crianças

Contação da história bíblica

 Canto: No dia um, / primeiro dia, vamos ver / o que Deus fez:

> *Fez o claro / e o escuro; dia e noite / noite e dia!*

Gn 1,1-5: Luz.

No início do mundo, Deus fez o céu e a terra. Deus falou bem alto: "LUZ!". E a luz apareceu.

Deus viu que a luz era muito boa. Ela iluminava a terra. Deus deu um nome à luz. E que nome ele deu à luz? DIA. E ao escuro ele deu o nome de: NOITE!

Houve dia e noite: foi o primeiro dia.

Canto: No dia dois, / segundo dia, vamos ver / o que Deus fez:

Separou / em duas águas; lá em cima / e lá embaixo!

Gn 1,6-8: Firmamento.

Deus abriu a boca e disse bem alto: "FIRMAMENTO!". E o firmamento apareceu.

Vocês sabem que nome Deus deu ao firmamento? CÉU!

Passou um dia e passou uma noite: foi o segundo dia.

 Canto: No dia três, / terceiro dia, vamos ver / o que Deus fez:

Plantou flores / muitas frutas; muito verde, / muitas plantas!

Gn 1,9-13: Verduras e árvores, flores e frutos.

Deus novamente falou bem alto: "MARES E TERRA!". E a água se juntou aos rios, aos mares, às lagoas e às fontes. E a terra ficou firme.

Deus gostou do que fez. Depois disse para a terra: "Produza muitas VERDURAS e ÁRVORES, FLORES e FRUTOS".

E a terra se encheu de verduras, ervas, árvores com flores e frutos de toda espécie. Deus ficou contente com tudo o que fez. E tudo era muito bom.

E houve um dia e uma noite: foi o terceiro dia.

 Canto: No dia quatro, / quarto dia, vamos ver / o que Deus fez:

Pendurou / o sol e a lua; / um é quente, / o outro é frio!

Gn 1,14-19: Luzeiros.

Deus falou bem alto: "LUZEIROS!". E os luzeiros apareceram no céu.

Um grande luzeiro para iluminar o dia (SOL) e um luzeiro menor para a noite (LUA). Os luzeiros existem para marcar as ESTAÇÕES do ano e as festas. Deus viu que o sol, a lua, as ESTRELAS e todos os astros eram muito lindos.

Deus gostou do que fez.

Houve um dia e uma noite: foi o quarto dia.

 Canto: No dia cinco, / quinto dia, vamos ver / o que Deus fez:

Criou / os peixes e as aves; animais: grandes, / pequenos.

Gn 1,20-23: Peixes.

Deus disse bem alto: "Nasçam muitos PEIXES nos mares e voem muitas AVES acima da terra".

Os mares e rios se encheram de peixes grandes de todas as cores e formas. Era muito lindo. A terra encheu-se de animais e o firmamento do céu se cobriu de aves, passarinhos de todos os tamanhos e muitas cores. Era um espetáculo.

Deus abençoou-os e disse para eles se multiplicarem.

DEUS VIU QUE TUDO ERA MUITO BOM.

Houve um dia e uma noite: foi o quinto dia.

 Canto: No dia seis, / sexto dia, vamos ver / o que Deus fez:

Fez menino / e menina; e pediu / cuidar de tudo!

Gn 1,24-31: Homem e mulher.

Deus falou com voz solene: "HOMEM E MULHER!". Papai e mamãe, ele os criou.

Deus ficou muito feliz e lhes deu uma bênção, dizendo: "Crescei e multiplicai-vos! Enchei a terra. Cuidai dos peixes do mar, dos passarinhos e de todos os animais que vivem sobre a terra". Deus pediu que se alimentassem de verduras, sementes e frutos.

O homem e a mulher obedeceram a Deus e cuidaram de si mesmos, dos animais e de todas as plantas.

DEUS VIU QUE TUDO ERA MUITO BOM. Deus ficou muito feliz.

Houve um dia e uma noite: foi o sexto dia.

 Canto: No dia sete, / sétimo dia, vamos ver / o que Deus fez:

Concluiu / a sua obra; / abençoou / e descansou!

Gn 2,1-4a: Deus descansou.

Deus ficou muito feliz por ter criado o céu e a terra. O céu com o sol, a lua, as estrelas e os astros. Também ficou feliz com a terra, a água, o ar, o fogo, as plantas e os animais de todas as espécies que havia criado. Ele gostou demais da mulher e do homem que havia criado.

Depois Deus sentou-se, descansou e ficou olhando e contemplando a beleza de tudo o que tinha feito. Ele abençoou e santificou o último dia, o sétimo dia.

DEUS VIU QUE TUDO ERA MUITO BONITO e se deu um abraço!

 Música: *Novo dia já vem!*[5]

---

[5] GRUPO MUSICAL IR. TECLA MERLO. *Vamos animar e celebrar*, cit. Faixa: 12.

6.
Revendo o caminho feito

A equipe que elaborou este subsídio ficará muito agradecida se você fizer a sua avaliação e a enviar para o e-mail: sab.secretaria@paulinas.com.br

1. Como foi sua experiência: ( ) Ótima; ( ) Muito boa; ( ) Boa; ( ) Razoável. Explique por que ela foi ótima ou muito boa, boa ou razoável.

_____

_____

2. Fale concretamente:

a) em que o(a) ajudou a informação sobre o desenvolvimento da criança nas diferentes faixas etárias, para trabalhar na dimensão da fé, no item: "Elementos da psicopedagogia"? Explique.

_____

_____

b) o que você viu de importante em "Novo olhar sobre as Escrituras"?

_____

_____

c) o que você tem a dizer sobre a "Metodologia"?

_____

_____

d) que atividades no "Espaço para criar" ajudaram as crianças a admirar, a crescer no amor e no respeito à obra de Deus?

_____

_____

3. Você teve facilidade e/ou dificuldade para aplicar o material? Justifique.

_____

_____

A equipe agradece o envio de sua apreciação e sugestões!

Referências bibliográficas

ATIHÉ, Eliana; RONCONI, Ana Cristina. *Olhos para ver o que Deus faz.* 16. ed. São Paulo: Paulinas, 2012.
AZEVEDO, Alexandre. *O menino que via com as mãos.* 3. ed. São Paulo: Paulinas, 2004.
BELINKY, Tatiana. *O que eu quero.* 8. ed. São Paulo: Paulinas, 2006.
_____. *A aposta.* São Paulo: Paulinas, 1994.
BÍBLIA DE JERUSALÉM. São Paulo: Paulus, 1985.
BONILLA PARIS, Nora Maria; ARNIM DE SOTO, Bettina Von. *Oremos com as crianças.* São Paulo: Paulinas, 2008.
_____; LÓPEZ RAMÍREZ, Carmen Patrícia. *Descobrir a Bíblia com as crianças.* São Paulo: Paulinas, 2008.
CARVALHO, Vânia Brina Corrêa de. *Desenvolvimento humano e psicologia.* Belo Horizonte: Editora UFMG, 1996.
CORDEIRO, Bellah Leite. *A descoberta da joaninha.* São Paulo: Paulinas, 1982.
DUGNANI, Patrício. *O seu lugar.* São Paulo: Paulinas, 2005.
_____. *Um mundo melhor.* São Paulo: Paulinas, 2006.
GRUPO MUSICAL IR. TECLA MERLO. *Vamos animar e celebrar.* São Paulo: Paulinas/COMEP, 2006. CD.
GRUPO TIM DO LE LÊ. *Tin-do-lê-lê 3.* São Paulo: Paulinas/COMEP, 2002. CD.
GUERNELLI, Nelly Aparecida Nucci. *O atraso.* São Paulo: Paulinas, 2007.
HELINTON, Newton. *Coisas de crianças.* São Paulo: Paulinas/COMEP, 2001. CD.
IZQUIERDO MORENO, Ciriaco. *Educar em valores.* São Paulo: Paulinas, 2001.
JULIÃO, Flávia (Coord.) et al. *Construindo um projeto educativo de 0 a 6 – AMEPPE*, 1990.

LIMA, Elvira Souza. *A criança pequena e suas linguagens* São Paulo: Editora Sobradinho, 2003.

_____. *Como a criança pequena se desenvolve*. São Paulo: Editora Sobradinho, 2001.

_____. *Conhecendo a criança pequena*. 2. ed. São Paulo: Editora Sobradinho, 2002.

LIMA, Graça. *Noite de cão*. São Paulo: Paulinas, 1997.

MARTORELL, J. R. *Personagens do Antigo Testamento*. São Paulo: Loyola, 2002. vol. 1.

MELO, Regina Célia. *Uma joaninha diferente*. São Paulo: Paulinas, 1989

MICHAELI, F. *Dieu Timage de l'omme*. Delachux et Nestlé, 1950.

OLIVEIRA, José Fernandes (Pe. Zezinho, scj). *Criancices*. Paulinas/COMEP, 2002. CD.

_____. *Lá na terra do contrário / Deus é bonito*. São Paulo: Paulinas/COMEP, 1997. CD.

PEINADO, Frederico Lara. *Enuma Elish, poema babilônico de la creación*. Valladolid: Simancas Ediciones, S.A. 1994.

PEREIRA, Marli Assunção Gomes. *O reino das boletas brancas*. São Paulo: Paulinas, 2001.

PIAGET, J. *O nascimento da inteligência na criança*. Rio de Janeiro: Zahar, 1974.

_____. *A formação do símbolo na criança*. Rio de Janeiro: Zahar, 1976.

RIZO, Monteserrat. *Minhas primeiras conquistas*: as etapas de desenvolvimento de nossos filhos, de zero a três anos. São Paulo: Paulinas, 2011.

SANTANA, Celina. *Canção na pré-escola – Amarelinha 1*. São Paulo: Paulinas/COMEP, 1998. CD.

_____. *Palavras mágicas*. São Paulo: Paulinas/COMEP, 2001. CD.

TAWANE E VINÍCIUS. *Faróis de esperança*. São Paulo: Paulinas/COMEP, 2004. CD.

VV.AA. *Cuida de mim! Coletânea*. São Paulo: Paulinas, 2014. CD.

WÉNIN A. *O homem bíblico*. São Paulo: Loyola, 2006.

_____. *De Adão a Abraão ou as errâncias do humano*. São Paulo: Loyola, 2011.

Sugestão de bibliografia para Educador ou Educadora da fé

ACOFOREC. *Deus e a criança*. São Paulo: Paulinas, 2008.

DE SOUZA, Erenice Jesus. *Iniciação à vida cristã dos pequenos*. São Paulo: Paulinas, 2010.

LÓPEZ GONZÁLEZ, Maria Teresa; LÓPEZ RAMÍREZ, Carmen Patrícia. *A criança e sua relação com Deus*. São Paulo: Paulinas, 2008.

_____. *Descobrir o Batismo e a Eucaristia com as crianças*. São Paulo: Paulinas, 2008.

MALDONADO, Maria Tereza. *Como cuidar de bebês*. 2. ed. Petrópolis: Vozes, 1985. Coleção Fazer.

RODRÍGUEZ, Montse. *Em breve seremos três*: a aventura de ser pais pela primeira vez. São Paulo: Paulinas, 2011.

TOLSTOI, Leon. *Onde existe amor, Deus aí está*. São Paulo: Paulinas, 2008.

Sugestão de bibliografia para as crianças

Livros com ilustração para colorir

AMATE, E. Péry. *Meu amigo Jesus*: orações para colorir. São Paulo: Paulinas, 1989.

_____. *As coisas*: orações para colorir. São Paulo: Paulinas, 1989.

_____. *Jesus nasceu*: orações para colorir. São Paulo: Paulinas, 1989.

AS MARAVILHAS de Deus: colorindo o Salmo 104. São Paulo: Paulinas, 2015.

BARBOSA, Ely. *Vamos pintar e brincar?* Com Nana e Bruninho. São Paulo: Paulinas, 1998.

PULGA, Rosana. *A obra do artista*. São Paulo: Paulinas, 2008.

Livros com ilustrações sem texto

FUNARI, Eva. *Amendoim*. São Paulo: Paulinas, 2000.

_____. *Filó e Marieta*. São Paulo: Paulinas, 2000.

_____. *Zuza e Arquimedes.* São Paulo: Paulinas, 2000.

SIGUEMOTO; MARTINEZ, Regina. *A casa.* São Paulo: Paulinas, 2011.

Livros com pouca escrita

BARBOSA, Ely. *Com quem estamos?* São Paulo: Paulinas, 2012.

_____. *Onde estamos?* São Paulo: Paulinas, 2012.

DAVID, Juliet. *Natal de Jesus.* São Paulo: Paulinas, 2009.

ESPOSITO, Clara. *A parábola da ovelhinha perdida.* São Paulo: Paulinas, 2010.

_____. *A parábola do bom samaritano.* São Paulo: Paulinas, 2010.

_____. *A parábola do fariseu e do publicano.* São Paulo: Paulinas, 2010.

_____. *A parábola do filho pródigo.* São Paulo: Paulinas, 2010.

_____. *A parábola do grãozinho de mostarda.* São Paulo: Paulinas, 2010.

_____. *A parábola do semeador.* São Paulo: Paulinas, 2010.

_____. *A parábola dos talentos.* São Paulo: Paulinas, 2010.

JUHL, Karin; Torben. *Minha inseparável Bíblia.* São Paulo: Paulinas, 2012.

O'CONNEL GEORGE, Kristina. *O livro.* São Paulo: Paulinas, 2012.

RAMOS, Cláudia. *O vira-lata Filé.* São Paulo: Paulinas, 2011.

SIGUEMOTO; MARTINEZ, Regina. *Viagem da sementinha.* São Paulo: Paulinas, 2011.

CD
E Deus viu que tudo era bom
Pedagogia bíblica da primeira infância – SAB

1 – Primeiro tema: Deus fez o dia e a noite – BRCMP1500255
Versão: *Edinaldo Medina Batista*

No dia um, primeiro dia; vamos ver o que Deus fez:
Fez o claro e o escuro; dia e noite, noite e dia!

2 – Obrigado, meu Senhor! – BRCMP0600326
Verônica Firmino

Obrigado, meu Senhor
Pela vida, pelo amor
Obrigado! Agradeço a ti Senhor

Pela terra e a água
Pela fauna e a flora
Pelo ar que respiramos
E toda a beleza da natureza

Pelo sol e a lua
Pela noite e o dia
As estrelas a brilhar
Tudo é graça do teu amor

Pelos pais, pelos filhos
Os irmãos e os amigos
A família que nos dás
Pela paz que há entre nós

Pelo pão e alegria
Pelo lar e o repouso
A saúde e o trabalho
Por tua luz que sempre nos guia

3 – Segundo tema: Deus separou as águas de cima das águas de baixo – BRCMP1500256
Versão: *Edinaldo Medina Batista*

No dia dois, segundo dia; vamos ver o que Deus fez:
Separou em duas águas; lá em cima e lá embaixo!

4 – Acalanto – BRCMP1300048
W. A. Mozart – DP

5 – A chuvinha – BRCMP0300721
Celina Santana

Cai chuvinha neste chão
Cai chuvinha
Vai molhando a plantação

Uma gotinha, duas gotinhas
Três gotinhas
Cai chuvinha, cai chuvinha
Cai chuvinha
Na plantinha, na plantinha

6 – Pingo, pingo – BRCMP0300738
Celina Santana

Pingo, pingo, pingo
Pingo, pingo d'água
Pingo é um menino
Que dá gargalhada
Ah, ah, ah!

Pingo, pingo, pingo
Pingo, pingo d'água
Pingo é a chuva
Molhando a calçada

Pingo, pingo, pingo
Pingo é a goteira
Pingo, pingo, pingo
Sempre a noite inteira

Pingo, pingo, pingo

7 – Terceiro tema: Deus fez árvores, flores e frutos –
BRCMP1500257
Versão: *Edinaldo Medina Batista*

No dia três, terceiro dia; vamos ver o que Deus fez:
Plantou flores, muitas frutas; muito verde, muitas plantas!

8 – Vamos plantar uma árvore – BRCMP0000316
Celina Santana

Quando acordo de manhã
E vejo ao meu redor
As flores do jardim

Eu fico tão feliz
Ao ouvir o canário assobiar
Lá, lá...

Vamos cuidar desta terra
Vamos plantar uma árvore
E também não poluir o ar
Cuidar das águas, do rio e do mar!

Borboletas coloridas
Passeiam no jardim
Brincando de ciranda
Bem alegres e faceiras
Com as suas brincadeiras
Volteando, volteando na touceira

9 – Mamoeiro – BRCMP0300732
Celina Santana

Ó, mamoeiro, de folha recortada
Fui subindo no seu pé, escorreguei
Pois, o seu talo tão fraquinho
Não segurou o meu pezinho
Quando fui apanhar o mamãozinho

E eu, tchibum, tchibum, tchibum
Ai, ai, ai, escorreguei
E eu, tchibum, tchibum, tchibum
Ai, ai, ai, me machuquei

Não subo mais no mamoeiro

10 – Quarto tema: Deus fez os luzeiros e as estações –

BRCMP1500258

Versão: *Edinaldo Medina Batista*

No dia quatro, o quarto dia; vamos ver o que Deus fez:
Pendurou o sol e a lua; um é quente, o outro é frio!

11 – O planetinha – BRCMP0200123

Pe. Zezinho, scj

No meio de milhões de astros
No meio de milhões de sóis
Existe um planetinha
Que gira, gira, gira
Gira sem parar

Vai girando, vai girando
Ao redor do astro rei
Leva um ano inteirinho
Para rodear o sol
Leva vinte quatro horas
Pra fazer um rodopio

É o meu planeta, o planeta Terra
O planeta azul
E eu moro nele no Ocidente
Hemisfério sul

Mas eu tenho uma historinha
Muito triste pra contar
Estão sujando o meu planeta
Acabando com suas águas
Destruindo as suas matas
Poluindo o céu azul

Mais um pouco e não tem peixe
Não tem água e não tem vida
Mais um pouco e não tem aves
Não tem ar pra respirar

O que é que uma criança
Poderá fazer de bom
Para proteger a vida
E salvar o que restou

Quando eu crescer
Vou defender o meu planeta
E libertá-lo da destruição
Vocês verão, vocês verão

12 – Quinto tema: Deus fez os animais pequenos e grandes –
BRCMP1500259
Versão: *Edinaldo Medina Batista*

No dia cinco, quinto dia; vamos ver o que Deus fez:
Criou os peixes e as aves; animais: grandes, pequenos.

13 – A tartaruguinha – BRCMP0300733
Edith Serra

Ouvi contar uma história
Uma história engraçadinha
Da tartaruguinha, da tartaruguinha
Houve uma festa lá no céu
Mas o céu era distante
E a tartaruguinha viajou
Na orelha do elefante

Quando a festa terminou
A bicharada se mandou
Quem viu a tartaruguinha?
Quem viu?
Lá do céu ela caiu
São Pedro o céu varreu
E da pobrezinha se esqueceu
Ela disse:
"Eu quebrei toda, meu corpinho está de fora
Como é que vou fazer, Pai do céu
Como vou viver agora?"

Pai do Céu juntou os caquinhos, colou...
Mais bonita ela ficou

14 – Somos passarinhos – BRCMP0300735
Regina Melillo

Trocando o calor dos ninhos
Pela glória de voar
Nós somos os passarinhos
Sempre alegres a cantar!

Voando de Norte a Sul
Conduzidos pelo vento
Gostamos do céu azul
Do esplendor do firmamento!

Que tristeza, irmãozinho
Aflige seu coração?

Cansei de ser passarinho...
Eu queria ser leão!

Leão? Leão?
Ah!...Ah!...Ah!...Ah!...Ah!...
Um leão é sempre forte
Não tem medo de ninguém!
Não tem medo da morte...
Que coragem ele tem!

Deus fez você passarinho
Aprenda, pois, a lição:
Cada um tem seu caminho
Cada um, sua missão!

Por isso, venha cantar
Louvando sempre o bom Deus
Que ama e sabe cuidar
De todos filhos seus!

Trocando o calor dos ninhos
Pela glória de voar
Nós somos os passarinhos
Sempre alegres a cantar!

Voando de Norte a Sul
Conduzidos pelo vento
Gostamos do céu azul
Do esplendor do firmamento

15 – O passarinho e o peixinho – BRCMP0300731
Edith Serra

Eu queria ser passarinho
E saber voar, voar, voar
Mas eu sou pobre peixinho
E só sei nadar, nadar, nadar

Mas na vida eu dou meu recado
Ele voa, ele voa, eu nado, eu nado

Eu queria ser passarinho
E ter um ninho ao pôr do sol
Mas eu sou pobre peixinho e
Se não fugir, me pega o anzol

Cada um tem seu lugar
Passarinho a voar
E peixinho a nadar

Passarinho a voar
E peixinho a nadar

16 – Historinha que deu certo – BRCMP0200132
Pe. Zezinho, scj

Era uma vez um passarinho
Que não podia voar
Tinha uma asinha mais curtinha
E por causa desta asinha
O passarinho pequenininho
Não arriscava, e não voava

Era uma vez um cachorrinho
Que não sabia brincar
Tinha uma perna mais curtinha
E por sofrer desta perninha
O cachorrinho pequenininho
Não arriscava e não brincava

Era uma vez um canarinho
Que não sabia cantar
Tinha um problema no biquinho
E por causa do biquinho
O canarinho pequenininho
Não arriscava e não cantava

Mas um dia o passarinho arriscou e voou
Mas um dia o cachorrinho arriscou e brincou
Mas um dia o canarinho arriscou e cantou
Não faz mal se não foi tudo como os outros
O importante é o que eles conseguiram

17 – Sexto tema: Deus fez o homem e a mulher – BRCMP1500260
Versão: *Edinaldo Medina Batista*

No dia seis, o sexto dia; vamos ver o que Deus fez:
Fez menino e menina; e pediu cuidar de tudo!

18 – Vamos todos levantar – BRCMP0600325
Verônica Firmino

Um, dois, três, vamos todos levantar
Quatro, cinco, seis, o chão vamos tocar
Um, dois, três, um salto vamos dar
Quatro, cinco, seis, todos a rodopiar

Mãos na cintura, requebro o meu corpo
Solto os meus ombros e mexo o pescoço

Braços levantados, pra direita e pra esquerda
Braços bem abertos para frente e para trás

Mãos na cabeça, nos joelhos e nos pés
Mãos nos joelhos, na cabeça e nos pés

Um, dois, três, bem fundo a respirar
Quatro, cinco, seis, vamos todos relaxar
Um, dois, três devagar, vamos sentar
Quatro, cinco, seis, já podemos descansar

19 – Uma família – BRCMP0300726
Edith Serra

Uma família é formada assim:
Tem papai, tem mamãe
Irmãozinho e nenê
Tem vovô, tem vovó
Tem titios também

A mamãe ensina a gente a rezar
Levar pra escola pra gente estudar
Papai trabalha e o vovô e a vovó
Contam histórias e o nenê faz
Dandá, só, só

20 – Sétimo tema: Deus descansou no sétimo dia – BRCMP1500261
Versão: *Edinaldo Medina Batista*

No dia sete, sétimo dia, vamos ver o que Deus fez:
Concluiu a sua obra; abençoou e descansou!

21 – Deus fez tudo direitinho – BRCMP0200133
Pe. Zezinho, scj

A canguru tem uma bolsa na barriga
E o vaga-lume uma lanterna no bumbum

O morcego tem um sonar
E o gambá tem um "lança-perfume"
A barata tem um verniz
Mas a marca do verniz ela não diz

O castor tem uma pá
E o cavalo é produtor de estrume
E o camelo pra viajar
Usa tanque de reserva que ele tem

A coruja consegue ver
Mesmo quando não tem luz lá fora
E a baleia pra mergulhar
Leva um tanque de ar puro no pulmão

E há peixinhos que pra fugir
Jogam tinta na água e vão embora
E há bichinhos que pra fingir
Se transformam numa folha
Ou num borrão

Deus fez tudo, fez tudo bem

E pra cada bicho deu um jeito
Deus fez tudo, fez tudo bem
Ele sabe o que ele faz! Amém
Ele sabe o que ele faz! Amém
Ele sabe o que ele faz! Amém

22 – Deus cuida de mim! (Oração) – BRCMP1400086
Verônica Firmino

Querido Deus, eu quero lhe agradecer
Por tantas coisas bonitas que você fez e faz pra mim
Obrigado por meus pais, meus irmãos e avós
Por meus tios, primos, por toda a minha família
Obrigado pelos meus amigos, pela escola
Pelos professores e colegas
Com eles aprendo tantas coisas bonitas
Obrigado, Deus, porque você fez e faz tudo por amor
A vida, os animais, a terra, a água e toda a natureza
Quero aprender a cuidar de todos e de tudo
Com muito amor e carinho, porque tudo isso
São presentes que você nos deu
Deus, obrigado por mais um dia
Pela comida, a saúde, os brinquedos e o meu lar
Obrigado, Deus, porque você me acompanha
Em todos os lugares em que eu vou
E até quando estou dormindo, você me protege
Vou dormir em paz e feliz porque sei
Que você me ama e cuida de mim. Amém

23 – Novo dia já vem! – BRCMP0600328
Verônica Firmino

Vem, dá-me tua mão
Vamos juntos cantar
E plantar alguns corações
Vem, dá-me tua mão
Vamos juntos construir
Um mundo mais feliz, irmão

Novo dia já vem
Ano novo também
É sempre tempo de amar!
Somos todos irmãos
Vamos nos dar as mãos
E abrir as portas do coração!

Vem, vamos regar
O jardim da vida
Com os sonhos da paz
Vem, vamos plantar
Canteiros de esperança
De alegria e de luz

O que passou, passou!
Vamos caminhar só fazendo o bem
Estendendo a mão, acolhendo o irmão
Num abraço de compreensão
Vamos juntos viver semeando a paz
Vida nova nascerá, a civilização do amor

Produção fonográfica e editora musical: Paulinas-COMEP
Gravado, mixado e masterizado nos Estúdios Paulinas-COMEP

COLEÇÃO BÍBLIA EM COMUNIDADE

PRIMEIRA SÉRIE – VISÃO GLOBAL DA BÍBLIA

1. Bíblia, comunicação entre Deus e o povo – Informações gerais
2. Terras bíblicas: encontro de Deus com a humanidade – Terra do povo da Bíblia
3. O povo da Bíblia narra suas origens – Formação do povo
4. As famílias se organizam em busca da sobrevivência – Período tribal
5. O alto preço da prosperidade – Monarquia unida em Israel
6. Em busca de vida, o povo muda a história – Reino de Israel
7. Entre a fé e a fraqueza – Reino de Judá
8. Deus também estava lá – Exílio na Babilônia
9. A comunidade renasce ao redor da Palavra – Período persa
10. Fé bíblica: uma chama brilha no vendaval – Período greco-helenista
11. Sabedoria na resistência – Período romano
12. O eterno entra na história – A terra de Israel no tempo de Jesus
13. A fé nasce e é vivida em comunidade – Comunidades cristãs na terra de Israel
14. Em Jesus, Deus comunica-se com o povo – Comunidades cristãs na diáspora
15. Caminhamos na história de Deus – Comunidades cristãs e sua organização

SEGUNDA SÉRIE – TEOLOGIAS BÍBLICAS

1. Deus ouve o clamor do povo (Teologia do êxodo)
2. Vós sereis o meu povo e eu serei o vosso Deus (Teologia da aliança)
3. Iniciativa de Deus e corresponsabilidade humana (Teologia da graça)
4. O Senhor está neste lugar e eu não sabia (Teologia da presença)
5. Profetas e profetisas na Bíblia (Teologia profética)
6. O Sentido oblativo da vida (Teologia sacerdotal)
7. Faça de sua casa um lugar de encontro de sábios (Teologia sapiencial)
8. Grava-me como selo sobre teu coração (Teologia bíblica feminista)
9. Teologia rabínica (em preparação)
10. Paulo, apóstolo de Jesus Cristo pela vontade de Deus (Teologia paulina)
11. Compaixão, cruz e esperança (Teologia de Marcos)
12. Lucas e Atos: uma teologia da história (Teologia lucana)
13. Ide e fazei discípulos meus todos os povos (Teologia de Mateus)
14. Teologia joanina (em preparação)
15. Eis que faço novas todas as coisas (Teologia apocalíptica)
16. As origens apócrifas do cristianismo (Teologia apócrifa)
17. Teologia da Comunicação (em preparação)
18. Minha alma tem sede de Deus (Teologia da espiritualidade bíblica)

TERCEIRA SÉRIE – BÍBLIA COMO LITERATURA

1. Bíblia e Linguagem: contribuições dos estudos literários (em preparação)
2. Introdução às formas literárias no Primeiro Testamento (em preparação)
3. Introdução às formas literárias no Segundo Testamento (em preparação)
4. Introdução ao estudo das Leis na Bíblia
5. Introdução à análise poética de textos bíblicos
6. Introdução à Exegese patrística na Bíblia (em preparação)
7. Método histórico-crítico (em preparação)
8. Método narrativo na Bíblia (em preparação)
9. Método retórico e outras abordagens (em preparação)

QUARTA SÉRIE – RECURSOS PEDAGÓGICOS

1. O estudo da Bíblia em dinâmicas – Aprofundamento da Visão Global da Bíblia
2. Aprofundamento das teologias bíblicas (em preparação)
3. Aprofundamento da Bíblia como Literatura (em preparação)
4. Pedagogia bíblica
    4.1. Primeira infância: E Deus viu que tudo era bom
    4.2. Segundo Infância (em preparação)
    4.3. Pré-adolescência (em preparação)
    4.4. Adolescência (em preparação)
    4.5. Juventude (em preparação)
5. Modelo de ajuda (em preparação)
6. Mapas e temas bíblicos (em preparação)
7. Metodologia de estudo e pesquisa (em preparação)

Impresso na gráfica da
Pia Sociedade Filhas de São Paulo
Via Raposo Tavares, km 19,145
05577-300 - São Paulo, SP - Brasil - 2015